小学语文语用教学的实践研究

杨慧莉 著

天津社会科学院出版社

图书在版编目（ＣＩＰ）数据

小学语文语用教学的实践研究 / 杨慧莉著 . -- 天津：
天津社会科学院出版社 , 2021.8
ISBN 978-7-5563-0758-6

Ⅰ. ①小… Ⅱ. ①杨… Ⅲ. ①小学语文课—教学研究
Ⅳ. ① G623.202

中国版本图书馆 CIP 数据核字 (2021) 第 174941 号

小学语文语用教学的实践研究
XIAOXUE YUWEN YUYONG JIAOXUE DE SHIJIAN YANJIU

出版发行：天津社会科学院出版社
地　　址：天津市南开区迎水道 7 号
邮　　编：300191
电话 / 传真：（022）23360165（总编室）
　　　　　　（022）23075303（发行科）
网　　址：www.tass-tj.org.cn
印　　刷：英格拉姆印刷(固安)有限公司

开　　本：787×1092 毫米　1/16
印　　张：15.75
字　　数：240 千字
版　　次：2021 年 8 月第 1 版　2021 年 8 月第 1 次印刷
定　　价：68.00 元

　　《义务教育语文课程标准（2011）》（以下简称《课程标准》）开宗明义地指出："语文课程是一门学习语言文字运用的综合性、实践性课程。义务教育阶段的语文课程，应使学生初步学会运用祖国语言文字进行交流沟通，吸收古今中外优秀文化，提升思想文化修养促进自身成长。工具性与人文性的统一，是语文课程的基本特点。"这段话确立了"语用"在语文教学中的本质地位。

　　语文语用教学是语用学与语文教学融合的产物。语用，即语言的运用，最早由哲学家莫里斯（C. Morris）和卡纳普（R. Carnap）在20世纪中后期提出，指人们在一定的语境中对于语言的实际运用活动。《课程标准》中指出：语言文字的运用，包括生活、工作和学习中的听说读写活动以及文学活动，存在于人类社会的各个领域。20世纪末，中国的教育家开始尝试将语用学融入语文教学中，创造出了一种有别于传统的以"工具论"和"人文论"为导向的新教学模式。

　　培养学生对汉语的运用能力是语文语用教学的突出特点。简要地说，小学语文语用教学就是以学生为主体，以培养语用能力为目标，以教师引导学生学习理解语言，领悟表达，创新实践为语用活动方式的一种小学语文的教学理念和操作体系。语用教学同以内容理解或情感态度价值观熏陶为核心的教学不同,它的目的在于培养学生听说读写的综合能力,提升学生的语文素养,强调在实际生活中综合运用语言。

随着2011年《课程标准》的颁布,语用教学受到越来越多教师的关注,但是,很多教师不能正确把握语用教学的方向和精髓,导致语用教学实施过程中出现了不少问题。有的教师认为重视"运用"就可以跳过"理解"环节,不重视语用学习过程,直接迁移训练;有的教师认为"语言文字运用"就是"读写结合""课堂练笔",于是不顾文本的整体语境和氛围,随意插进练笔设计;有的教师认为语文教学的最终指向是"写作",于是课堂上过分偏重写作方法和技巧的训练⋯⋯上述观点都是对语用教学的片面理解,不利于学生语文素养的整体发展。

作者对语用教学的研究,正是基于在语文教学实践中发现的种种问题。作者的语用教学探索之旅大约可从2011年算起,十年来的不懈探索铸成了现如今相对成熟的语用教学理论体系。探索过程分为层层递进的三个阶段。第一阶段的时间定位于2011年至2013年,这期间的研究重心是语用教学课堂练习形式。紧随其后的是对课堂教学模式的实践总结,历经三年探索概括出"理解·领悟·创境·实践"小学语文语用教学新模式。至此,作者的语用教学观初步形成。2018年到2021年,研究目标进一步锁定在帮助教师充分利用统编教科书特点培养学生语言运用能力上,语用教学的理论和实践体系进一步完善。当然,对教学方法的研究永无止境,语用教学体系的改进和完善工作永远在路上。

本书正是作者十载研究成果与实践经验的浓缩精华,用七章文字将"语用教学"娓娓道来。第一章分析小学语文教学的现状,探讨语文教学的多样化特点,并明确指出当前小学语文教学中普遍存在教师中心、分数导向、缺乏整体性等问题。第二章梳理国内外关于语用教学的研究和实践,为其后的论述提供了重要的理论支撑。第三章分享笔者的心中的语用教学观,讲述语用教学观如何从无到有,从有到精,在笔者心中逐步发展为一个相对完善的体系。第四章、第五章和第六章聚焦语用教学的落实,分别论及语用教学的基本实施体系、课程设计和实施策略,提出了一系列以学生为中心的课堂设计和实施原则,总结了"理解·领悟·创境·实践"一整套完整的语用教学模式,并针对不同的语用课堂类型提出了不同的教学方法。第七章论述语用教学对教师提出的崭新要求,为教师专业发展指明方向,为语用教学的落地提供可靠保障。尾章以自述的口吻回望往昔,展望未来,寄托着作者对语文教学未来之路的无限期待与祝福。另外,本书主要脱胎于教学实践经验,故而书中列举了大量课例,使全书既充满理论光芒,又溢满实践活力。

在各级领导和各方专家的支持帮助下,本书即将付梓。编辑出版此书,一方面是为了总结多年来的语用教学研究经验,使相对零散的经验珍珠连成一个整体,进而从更高的视角指导教学实践,用理论照亮教学;另一方面是希望能够为广大语文教师提供一个可供参考的语用教学模式,为语文教育的科学化、现代化发展献出一分力量。本书编辑过程中难免疏漏处,敬请广大读者指正。

小学语文语用教学的理念符合当前中国课程改革的趋势,体现了语文教学的本质。路漫漫其修远兮,吾将上下而求索。无论是对语文语用教学观的理论,还是对这一观念指导下的教学实践,我们都需要不断去改进和完善。道阻且长,行则将至;行而不辍,未来可期。

杨慧莉

2021年8月

第一章 小学语文教学的现状与思考

　　中华人民共和国成立前，在叶圣陶先生的建议下，在《中学语文课程标准（草稿）》中将中华人民共和国的中小学语文学科的名称统一定为语文。并做了如下解释："以为口头为'语'，书面为'文'，文本于语，不可偏指，故合言之，称语文。"语文从此在华夏大地上开启了新篇章。语文是华夏儿女的魂，语文素养对个体的终身发展具有奠基性的作用。而语文教学正是提高个体语文素养的重要途径。因此，如何进一步提高语文教学质量，让语文教学适应时代要求，使语文教学真正进入学生的心灵，影响学生的灵魂，这是教育工作者应当矢志探索的问题，也是本书尝试回答的问题。作为开篇，本章将梳理小学语文教学特点的现状，并对新课程改革视域下的语文教学形态做出讨论。

第一节　语文教学方式的多样性

在小学诸多学科中,语文学科的教学方式非常显著地体现出了多样性。这种多样性可用"千姿百态"来形容。如果追究这种多样性产生的原因,大体上可以归结为三个方面。

一、语文课程的性质决定了教学方式的多样性

《义务教育语文课程标准(2011年版)》(以下简称《课程标准》)将语文课程定义为一门学习语言文字运用的综合性、实践性课程。学生要通过语文课程的学习,初步学会用祖国语言文字进行沟通交流,吸收古今中外优秀文化,提高思想文化修养,促进自身精神成长。语文学科具有工具性与人文性统一的特点。

因为语文学科的这种性质,这门课程的教学内容本身就呈现出纷繁复杂的特点。就小学语文课程而言,识字与写字、阅读、习作、口语交际和综合性学习,都在语文课程中占有着重要的位置。不同的教学内容必然会对应着不同的教学方式。比如识字教学的教学方式与写作教学的教学方式就肯定会有不同;阅读教学与口语交际教学的教学方式也一定会有差别。即便是同一类的教学内容,有时也有很大的区别。比如阅读小说和阅读说明性文章,虽然同属阅读教学,但在教学方式上一定会有区别。

另外,语文课程是学生长期学习的一门课程,许多教学内容要横跨不同的学段。相似的教学内容出现在不同的学段时,教学方式也要有所改变。比如识字写字教学,是第一学段的教学重点,也是贯穿整个义务教育阶段的重要教学内容。不同学段教学方式和教学重点是不同的。再如,古诗的教学,在低年级开展古诗教学与在高年级开展古诗教学,教学方式肯定也会有所不同。

所以,语文教学的课程性质决定了这门课要面对不同的教学内容,不同的学段,不同的学情,因此一定会呈现出教学方式的多样性。

二、语文教学的发展带来了教学方式的多样性

语文教学在近几十年得到了长足的发展,涌现出许多语文教学专家、名师等。他们从不同的角度发现了语文教学的规律,创新了语文教学的方式方法。使语文教学方式逐渐丰富多样起来。在语文教学的诸多领域当中,识字教学、阅读教学与习作教学的成果最为丰富,这里选取一些有代表性的教学改革成果,做一个简单的梳理。

(一)识字教学

1.集中识字

1958年由辽宁省黑山北关实验学校始创,1960年北京景山学校加入,后逐步形成了集中识字教学流派。主要特点:先学一批最常用的汉字,以便学生及早阅读;打好识字的四大基础(汉语拼音、笔画笔顺、偏旁部首和基本字),以基本字带新字;先识字后读书,在阅读中巩固和扩大识字。

2.分散识字

分散识字也被称作随文识字,是斯霞老师开创的一种识字教学流派。以"字不离词,词不离句,句不离文"为主要特征,强调在具体的语言环境中识字。

3.字理识字

字理识字是20世纪90年代由湖南省岳阳市教育科学研究所贾国均始创的一种识字教学实验。他根据汉字构字规律,运用汉字音形义的关系教学识字,运用直观联想等手段,识记字形,理解字义。

除此之外,在识字教学领域还有注音识字、韵语识字、字族文识字等教学流派,识字教学的方式丰富多样。

（二）阅读教学

1.情境教学

情境教学是由李吉林老师根据语文教学规律和儿童心理特点，逐渐形成的一个在我国小学语文教学中颇有影响的流派。她充分利用形象创设典型场景，激发学生的情绪，把认知活动与情感活动结合起来。这种教学方式强化了学生感知教科书的亲切性，调动了儿童学习的主动性，有效地发展了学生的想象力，提高了学生的认知力。

2.导读法

导读法是由靳家彦老师提出的一种教学模式。"导读"就是教师致力于导，学生循导学读，以学生的阅读实践活动作为培养阅读能力、掌握阅读方法、养成阅读习惯的主要方式，通过扎实有效的序列训练，培养学生综合的语文素质的一种教学模式。

3.主题教学

主题教学是窦桂梅老师在新时期提出的阅读教学改革主张。这里的"主题"可以是外显的，也可以是暗含的。教学由"主题"出发，把教科书知识体系中散乱的"珍珠"串联起来，组成一个"集成块"，由个及类，由类及理，从而形成立体的主题教学整体效果。

4.组块教学

组块教学是由薛法根老师提出的一种教学主张。提倡以发展学生的语文运用能力为主线，将零散的语文教学内容整合成有序的实践板块，促进学生言语智能的充分生长。与主题教学不同，组块教学强调以语文核心知识为内核，进而围绕某一核心知识从文本中选择合适的学习材料，组成教学内容板块，以实现举一反三的效果。

应当说，在阅读教学这一领域，产生的教学流派还有很多，情智语文、诗意语文、感悟式教学、球形教学等。但透过冰山之一角，我们可以感受到，在阅读教学中，语文教学的方式已经实现了多样化发展。

（三）写作教学

1.素描作文

由吴立岗、贾志敏创立的素描作文训练，是指在小学三四年级以观察实物为途径，以简单的片段或短小的篇章，将描写与叙述结合起来，反映周围生活的记叙文训练。这种训练强调观察能力，认为中年级是发展观察力的最佳时期，学生通过观察写作文，是写记叙文的初步训练。

2.情境作文

情境作文与阅读中的情境教学一脉相承，是情境教育体系中的一个重要板块。在教学中教师有意识的选择或创设典型的场景，让学生置身其中，强化情感的体验，进而进行写作训练。这种训练强调习作与情感的联动，是一种影响广泛的作文教学方式。

3.生活作文

作文生活化的思想由来已久。如果宽泛地看待生活作文这种教学主张，较难选出一位有代表性的人物。相对而言，张化万提出的生活作文还是比较有代表性的。他提出的生活作文是指小学生用自己的语言充满激情并真实自然的记录在家庭校园或社区活动中获得的感悟和体验的过程。这种观点，明确地指出作文不是为了考试，而是为了记录生活，要从学生自己的需要出发，有感而发的去写出自己的所见所闻，所思所感。

与阅读教学相似，作文教学的流派也是数不胜数，在小学语文教学发展的历史中，产生过一定影响力的作文教学方式也有很多。写作教学，也已经体现出了多样性。

随着小学语文教学的不断发展，在小学语文教学的各个领域所涌现出的教学方式在教学一线不断传播，互相影响，势必也会不断地演变。这些教学主张从提出之始到广泛应用于教学一线之后，一定会产生诸多的变体。这就进一步催生出小学语文教学方式的千差万别。

三、信息技术手段带来的教学方式多样化

（一）多媒体辅助教学

随着信息技术的不断发展，小学语文教学领域开始广泛地使用计算机和互联网技术，多媒体课件已经被广泛应用了。这种课件发展至今，本身就具有极大的多样性。近些年，互联网继续发展，教师将网上的信息带入多媒体课件，其中所呈现的信息超出了一般人的想象。在课堂上，多媒体课件可以展示各种图像、音频、视频，许多文字难以呈现的内容都可以直观生动地呈现在多媒体课件上，这使课堂上的演示变得更加丰富多样。而且，现今的多媒体课件也呈现出更多的交互性，人机互动这种方式已经出现在现今的课堂，这也是小学语文教学方式多样化的一种体现。

（二）微课

微课是近几年逐渐兴起的一种依托于信息技术的教学方式。主要是通过视频的方式展现碎片化的学习内容。微课一般时间较短，教学内容相对集中，并且构成一种情景，显得主题突出、内容具体，并且有一定的趣味性。从某种意义上来讲，微课是在某一个教学关键点上，把多媒体技术运用到极致的结果。

随着微课的兴起，其教学理念也逐渐影响了小学语文的教学方式。其中最有代表性的就是翻转课堂。翻转课堂就是让学生先通过观看微课预习教学内容，在课上通过讨论的方式进行深入学习。可以说，信息技术的发展促进了语文教学方式的再次转变。

（三）网络直播课

随着信息技术的普及，网络直播课渐渐成了一种重要的教学方式。与传统的教学方式相比，网络直播课不需要学生集中坐在教室里，通过电脑或手机可以随时上课。上课的过程不同于观看视频，学生可以通过留言或连麦等方式与教师进行互动。网络直播课依托于互联网技术，但其教学效果还有待评估。

第二节 语文教学存在的问题

语文教学虽然呈现出了多样性,但多样的语文教学也是良莠不齐的。在笔者长期观察语文课堂教学的过程中,发现小学语文教学还存在着许多问题。这些问题可以大致归结为备课中的问题,上课中的问题和教学评价中的问题。

一、备课中的问题

(一)缺乏整体认识

长期以来,很少有一线教师能够说清小学语文教学的知识体系。因此一线教师虽然有丰富的语文知识,具备相当的语文能力,但在教学中往往陵节而施,造成超越学段目标的问题。这种问题并不是在上课时发生的,而是在备课时就已经出现了。

以比喻这一修辞知识的教学为例。纵观小学语文课堂,有的教师在一年级就把比喻作为一种重要的教学内容;而有的教师在六年级下学期仍然会在教学中让学生判断比喻句,把画出课文中的比喻句作为教学的重要目标之一。比喻这一教学内容似乎只要出现了,就要进行教学,小学语文教学的梯度、体系都无从谈起。这就是一种缺乏整体认识的现象。

在小学教学一线还有很多类似这样的情况。究其原因,是教师在备课的过程中把注意力集中在了某一篇课文本身,而没有考虑这一篇课文在整个小学语文教学中的位置。心中没有小学语文的整体,在备课时也就容易出现抓不住重点的问题。随着统编语文教科书的推出,教科书当中比较明确地指出了小学语文学习的梯度。广大教师如果能够深入地钻研教科书,这种问题就有可能得到一定程度的改善。

(二)过度解读文本

在小学语文教学的备课环节中,解读教科书是十分必要的一个环节,但在教学一线普遍存在一种过度解读文本的倾向。这种倾向也带来了一些小学语文教学上的问题。

过度解读,首先表现为解读得过细。面对一篇课文,有的教师倾向于把课文中所有的语言现象、课文的细节等都进行一次全面的解读。这种全面解读的态度本身是非常严谨的,但如果教师要把自己解读出来的所有内容都在课堂上进行呈现,就容易关注细微而无关紧要之处,忽略了整体面貌的问题。现在市面上流行的一些教科书解读类参考书就有这种倾向。每一个生字的每一个读音、每一种解释,都要进行全面的解读;每一句话、每一个标点符号的含义,都要进行点拨和分析。这种解读明显过于细致了,通常导致学生抓不住重点,语文教学的负担也会随之增加。

过度解读,有时也表现为解读得过深。这种"深"体现在课文的人文性上进行过于深入的挖掘。出现这种过度解读的倾向,主要是对小学语文的课程性质认识得不够清楚,没有很好地体会工具性与人文性统一的含义,在备课中片面强调了人文性,甚至在脱离课文的情况下,引导学生深刻的体会文章背后的精神内涵,这就偏离了语文教学。还有的教师忽略了小学生有限的生活经验和心智水平,在备课中从教师自身对文章的理解出发,挖掘了课文背后的思想内涵。这种挖掘本身也是有意义的,但如果把它直接作为教学内容,就容易成为语文教学中的问题。

过度解读,有的时候也表现为解读得过难。这种"难",主要指教师在语文工具性上做了深入的挖掘,超出学生的学习能力,甚至超出小学语文的教学范围。因此,教师应仔细研究教科书,恰当地解读课文是当前语文教学中一个重要的课题。

（三）教学设计以"教师的教"为中心

备课不仅包括确定教学目标和教学内容还有教学过程，在教学过程中出现的问题，有时是从备课开始的。然而教师在备课的过程中还是以"教师的教"为中心，在教学设计中忽视了"学生的学"。

由于教学设计以"教"为核心，在教学过程中起主导作用的就是教师。教师有充分的教的动机，在教学中占据了主动位置，学生则处于被动的地位。一节课要学什么、怎么学只有教师知道。有时学生在课堂上的表现很活跃，但整体看，教师自始至终把控着课堂。而这种情况是从教师在备课时就已经被设计好了。

二、上课中的问题

（一）过分重视课堂纪律

教师在课堂教学中课堂纪律是重要一环，但过分强调课堂纪律会导致学生的课堂表现受限。上课时，不论教师提前在备课中设计了怎样活跃的学生活动，在走进教室的那一刻，许多教师还是习惯性地组织课堂纪律。虽然一定程度上保持了课堂的秩序，但限制了学生的自由发挥。

（二）过分重视教学进度

随着小学语文教学的发展和教科书的几次推陈出新，语文教学"繁、难、偏、旧"已经有了较大的改善。小学语文学科具有丰富的教学内容，教师在日常教学时，时有完不成教学进度的现象。一节课下来，教的内容多，学生的活动少。当学生还想进行某种活动，为了完成教学任务，教师不得不暂停。这也是在小学阶段语文教学中的矛盾。

（三）过分重视学生答话的准确性

语文是一门严谨的学科，教师要在一节语文课上教给学生语文知识和语文技能，对学生回答的问题要求一定准确性。但有时教师仅仅重视了准确性，但限制了学生的思维。

如在语文课上，教师常会让学生谈一谈文章蕴含的思想感情，学生对文章的表述有时没有那么准确，这个时候教师就会进行纠正。这种纠正虽然保证了学生答话的准确性，但造成了千人一面、死记硬背情况。如何把握好这个度是教师需要思考的问题之一。

三、教学评价中的问题

（一）依赖试卷进行评价

语文教学的评价方式非常丰富，在一线教学中，教师经常使用多主体评价、形成性评价、质性评价等方式。语文学科的教学内容要依靠试卷进行评价就会受到一定程度的限制。笔者认为在语文教学中，适合用试卷的方式考查的知识点是有限的，其他有价值的语文教学内容很难通过试卷得到实现有效的评价。

比如培养学生有感情地朗读课文的能力、在阅读中提出问题的能力、在课外搜集资料解决问题的能力等，这些限制了语文教学评价的发展。

（二）教学评价侧重于结果

小学语文教学偏重结果是一个由来已久的问题，随着语文教学的不断发展，这个问题在一定程度上得到了改变。但教学评价还是偏重死记硬背，这一点在阅读教学中尤其明显。

在阅读教学中，学生要完成规定的阅读任务。教学评价时，教师通常会根据学生完成阅读任务的结果对学生加以评价，忽视了学生在阅读中的情感体验、心理状态等。这种教学评价方式影响了语文教学走向深入。很多时候学生看都不看文章，就能判断出文章中的"承上启下""首尾呼应"。从结果的角度来看，学生似乎完成了阅读的任务，但从阅读过程评价分析，学生做得远远不够。如何对教学过程做出准确有效的评价，是当下语文教学存在的问题之一。

第三节　新课程视阈下的语文教学

新课程改革是指1999年正式启动的第八次基础教育课程改革,简称"新课改"。2001年,教育部正式颁布了《基础教育课程改革纲要(试行)》,明确了基础教育课程改革的目标与总体框架。新课程改革推行到今天,已经积累了丰富的实践经验。随着语文教学的不断发展,新课程视域下的语文教学已经显露出了一些趋势和方向。

一、突出学生在课堂的主体地位

突出学生的主体地位是新课程改革的关键一环。教学就是以学生的全面发展为目标。学生是教学的主体,是教学真正的"第一要素"。从某种意义上来讲,学生在小学语文课程中的主体地位还没有被真正重视起来。在新课程视域下,语文教学还应进一步突出学生的主体地位。

统编语文教科书让小学语文界出现了一股解读统编教科书的热潮。根据统编教科书的编写特点,许多教师开始认识到了小学语文知识与能力体系的存在,并注重学段与学段之间的衔接与过渡,在教学中关注到了语文学习的前后关联。值得注意的是,在语文教师解读统编语文教材时,大多数人还是站在教师教的角度去研读。相比于教科书,学生还是处于从属的地位。事实上,在教学中,学生比教科书要重要。教师要用教科书去教学生,而不是教学生使用教科书。相比于广大教师对教科书知识体系的研究热情,现今教师对学情的分析还不够。

学生是学习的主体,许多教师在教学前都会对学生的学习水平做客观准确的分析,有的教师甚至还会通过学习单等方式做前测。尽管如此,教师关注的还是学生接受教科书中新内容的能力,并没有关注学生学习新知识的主观能动性。事实上,随着学生的学习经历和生活经验的不断增长,他们也会产生学习新知识的愿望。学习新的知识可以满足他们的好奇心,解决他们在生活和学习中产生的问题,甚至是他们实现人生理想的一部分。这些或许才是学生学习的真正起点。关注到学生主观的想法和需要,学生的主体地位才能真正实现。

如果真的能够做到从学生的需要出发去安排教学内容,语文教学从备课到上课就都要发生转变,或许学生在备课的阶段就可以参与到教学中了。在上课之前,学生就可以提出对这堂课学习内容、学习方式的思考,如果这种方式行得通,学生在课堂上的表现就会更主动,从"要我学"转变为"我要学"。"以学定教,顺学而导"就是要增强"教"要为学生的"学"服务的意识。如果学生占据了课堂上的主动,教师以前要从头到尾把控课堂的情况,或许就会转变为协助学生完成学习任务,为学生提供帮助。实现了教学双方角色的转变,学生的主体地位也能进一步凸显出来。

二、实现自主合作探究的学习方式

新课程改革主张采用自主、合作、探究的方式去学习,这种学习方式在现今的教学当中虽然得到了一定程度的推广,但效果还是有限的。在新课程视域下,这种学习方式还应进一步得到发展。

前文论述了以学生为主体,突出学生在课程中的作用,这就是自主学习的要义。而自主学习并不是孤立的。自主、合作、探究,其实是相互关联的一个紧密整体。在确立了学生的主体地位之后,合作学习与探究学习的具体方式也就呼之欲出了。

在现今的教学中,合作学习虽然存在,但总的来说还是教师主导的。学生的合作当然是需要教师引导的,但这种引导应该是有限的,否则就不是学生的合作,而是师生的合作。

举例来说,建立学习小组是由教师决定的,这当然是建立合作小组的方式之一,但除此之外还应该有其他的建立学习小组的方式。又如现在合作小组的合作任务多数也是由教师单方面提出的,比如提出问题、提供学习单等。这当然体现了教师对学生合作学习的指导,但这种方式也应该是合作学习的诸多方式之一,除此之外也还应该有其他的方式可供学生选择。比如学生可以通过讨论的方式确定各自不同的学习目的,实现差异化、自主化的小组合作学习。教师只有真正放手让学生去尝试去实践,合作学习才能逐渐走向深入。

对于探究学习也是如此,现在普遍是在教师引导下进行探究学习,教师的引导似乎显得过重。学生往往是按照教师提供的方式去做,这当然也是探究,也是学习。但既然要学生自己进行探究,就要更多地允许学生出错,甚至允许学生出现方向性的问题。这样才更能体现探究学习的价值。

但这样会带来一个矛盾:语文教学有限的时间和较大的课程容量之间的矛盾。这也是探究性学习在教学一线开展得不是很理想的原因之一。要解决这个问题,关键在于引导学生利用课余时间进行自主、合作、探究式的学习。得法于课上,应用于课下,这种教学思路现在已经逐渐被认识和提倡。如何将其变为教学的实际,是新课程视域下语文教学研究的一个具体课题。

三、发展小学语文教学评价体系

新课程改革以来,教学评价得到了非常充分的发展,涌现出了许多有效的评价方式。在小学语文教学的发展中,教学评价还应该继续得到发展。

就小学语文教学的特点而言,表现性评价应当在今后的教学发展中进一步发挥作用。所谓的表现性评价,主要是指借助表现性任务进行的一种评价。

比如学生学习了如何分类整理诗歌,然后让学生制作一本诗集,这就可以被视作一个表现性任务。在完成这个任务的过程中,学生个人、学习同伴和教师都可以从不同的侧面对学生的学习过程进行评价。面对学生的学习成果,不同的评价主体都能对其进行评价。这种评价方式既关注了过程,又关注了结果,同时还指向了语言文字的运用,在语文教学中应当是被提倡的。

四、利用信息技术深度开发课程资源

新课程改革应重视课程资源。随着信息技术的发展,课程资源的开发也将随之走向深入。依托于新课程的理念,课程资源可以向以下几个方向发展。

(一)碎片化与体系化相结合

微课作为一种课程资源已经非常流行,其碎片化的特点,便于学生在课下学习。如果我们把碎片化的微课编织成一个体系,再通过一些测评系统,帮助学生了解自己在哪方面还需要进一步的学习。微课就变成可以根据学生的需要推送给学生的智能化学习资源。学生根据自己的学习需要获得相关的微课资料,查漏补缺,为学生的课下自学带来改变。

(二)发展人机交互类课程资源

随着信息技术的不断发展,人机交互已经逐渐可以在教学中实现了。开发人机交互类的课程资源,一方面可以丰富课堂教学方式;另一方面可以作为课后作业,实现语文教学课下指导的转变。

(三)开发课程资源平台

新课程的理念是学科之间的综合,校园学习和生活之间的融合。而依托于信息网络的平台类课程资源,就有可能成为沟通学科与学科、学科与生活的桥梁。开发课程资源平台,关键是要把开发课程资源的主体由教师下放到学生。

学生的日常生活、课外活动都可以成为课程作业,只要有一个合理的平台,将这些资源汇聚在一起,就能形成一种新的教学力量。就目前的技术手段来看,学生利用手机可以拍摄生活片段、家乡美景以及民风民俗等,都是与语文教学有密切关系的,这些课程资源都可以促进语文教学的发展。

总的来说,新课程改革的关键点是转变以教师为主体的教学方式,真正树立学生的主体地位。随着新课程改革全面深入开展,教师对学生主体地位的认识也正在逐渐走向深入,小学语文教学也必将产生深刻而广泛的变革。

综上所述,是对小学语文教学的现状与思考。既有对语文教学多样性的认识,又有在日常工作中发现的语文教学存在的问题,以及对新课程视阈下语文教学的思考。

第二章 国内外关于语用教学的研究与实践

　　知所从来方能知所将往，为了能够全面把握语用教学理念，站在巨人的肩膀上开展研究，进而实现在原有理论和实践的基础上的创生，本章将从不同角度描绘语用教学的面貌，追溯其来龙去脉，解析其理论基础，观测其研究现状，为之后的论述提供充足的理论支撑。

　　从历史发展看来，语用教学这一新兴的理念诞生于语用学和语文教学的结合。在我国，首次将语用学同语文教学联系起来的著作是出版于1993年的《语用学在语文教学中的运用》。随着2000年的新课程改革正式拉开帷幕和2011年《义务教育语文课程标准》的颁布，语用教学走上了发展快车道，语用教学越来越受到重视。

第一节　语用学的理论基础

语用教学的创立既有多年的教学实践基础,又有多方面的科学理论基础,是理论与实践相结合的产物。本节仅就语用教学在认知学习理论、建构主义理论、学习迁移理论、语言学习理论、行为主义符号学等方面的理论基础进行简要论述。

一、学习理论

(一)认知主义学习理论

认知主义学习理论认为,学习就是面对当前的问题情境,在内心经过积极的组织,从而形成和发展认知结构的过程,强调刺激反应之间的联系是以意识为中介的,强调认知过程的重要性。其代表人物之一奥苏伯尔认为学习变化的实质在于新旧知识在学习者头脑中的相互作用,那些新的有内在逻辑关系的学习材料与学生原有的认知结构发生关系,进行同化和改组,在学生头脑中产生新的意义。

(二)建构主义学习理论

建构主义理论是认知心理学派的一个分支。建构主义认为,知识不是通过教师传授得到,而是学习者在一定的情境即社会文化背景下,借助他人的帮助,利用必要的学习资料,通过意义建构的方式获得。建构主义提倡在教师指导下的、以学生为中心的学习,教师起组织者、指导者、帮助者和促进者的作用,利用情境、协作对话及会话等学习环境要素,充分发挥学生的主动性、积极性和创新精神,最终达到使学生有效地实现对当前所学知识的意义建构的目的。

(三)学习迁移理论

学习迁移是指一种学习对另一种学习的影响,或习得的经验对完成其他活动的影响。迁移广泛存在于各种知识、技能与社会规范的学习中。由于学习活动总是建立在已有的知识经验之上的,这种利用已有的知识经验不断地获得新知识和技能的过程,可以认为是广义的学习迁移;而新知识技能的获得也不断使已有的知识经验得到扩充和丰富,这就是我们常说的举一反三、触类旁通,这个过程也属于广义的学习迁移。语用教学强调运用,而语用知识的迁移更是语用教学不可缺少的环节。

(四)语言学习理论

语言学习理论指出:语言"习得"通常指的是儿童不自觉地自然掌握获得第一语言(通常是母语)的过程和方法。语言"学习"通常指的是在学校环境(即课堂)中有意识地掌握第二语言的过程和方式。所谓有意识地是指为了某种目的自觉地学习第二语言,掌握第二语言的规则系统并加以运用,尤其注重语言形式的学习。"习得"时注意力主要集中在语言的功能和意义方面。"学习"的注意力往往集中在语言的形式方面,有意识地、系统地掌握语音、词汇、语法等。"语用教学"正是基于此理论在课堂上有意识地引导学生"学习语言文字运用"。

二、实践理论

(一)行为主义符号学

莫里斯明确提出符号学研究的三个层面:语形学、语义学和语用学。他所说的语用学实际上是一种行为主义语用学。他指出:"语用学是一种符号学,它在符号存在的行为中处理符号的来源、使用和效果。"他的这种语用学总结实用主义创立以来的语用思维,使美国哲学中的语用思想受到广泛流传。可算是语用学发展的第一个阶段,奠定了语用学的理论基础。其观点尽管将语用学作为符号学的一部分,但其提出的"使用和效果"也为语用教学奠定了理论基础。

（二）对话理论

对话理论源远流长,最早提出对话概念的是俄国文艺理论家巴赫金。巴赫金认为,人类情感的表达、理性的思考乃至任何一种形式的存在都必须以语言或话语的不断沟通为基础。在中国文化和西方文化的早期奠定时期,都有先哲推崇和主张通过"对话"来探究真理和知识。如孔子、苏格拉底都采用对话的形式来教学,成效显著。《课程标准》在教学建议中提出:"学生是语文学习的主体,教师是学习活动的组织者和引导者。"语文教学应该在师生平等对话的过程中进行。在语用教学过程中,学生、教师、教科书及教科书编者构成了多重复杂的对话关系。学生只有在平等对话的环境中,才能够掌握语言运用的技巧,这个过程是在潜移默化中实现的。

（三）系统论

所谓系统,就是由若干相互联系,相互作用的要素构成的、具有特定功能和运动规律的整体。系统论的基本思想方法,就是把所研究和处理的对象,当作一个系统,分析系统的结构和功能,研究系统、要素、环境三者的相互关系和变动的规律性,并优化系统观点看问题,世界上任何事物都可以看成是一个系统,系统是普遍存在的。系统论启发我们在阅读教学中,要将教师、学生以及情境的设置等各要素看成一个有机的整体。语文教学也是一个整体,阅读教学是整体中的一个部分,不能单独地割裂开。因而在教学时,要将阅读与识字写字、口语交际、习作等部分相结合,令阅读教学达到更好的效果。

第二节　语用学的研究发展

一、国外对"语用学"的相关研究

"语用学"这一术语最早是由美国哲学家莫里斯（C. Morris）和卡纳普（R. Carnap）在20世纪中后期提出来的。如果以1977年在荷兰创刊的《语用学学刊》（*Journal of Pragmatics*）为标志，语用学作为一门独立的学科迄今不过30多年的历史。自20世纪30年代末开始，皮尔斯、莫里斯和卡纳普等把语用学作为符号学的一部分，其研究仅限于哲学，这可算是语用学发展的第一个阶段。后来，从20世纪50年代初到60年代末，以奥斯汀、赛尔和格赖斯等为代表的语言哲学家对言语行为和会话含义理论的探索，使语用学有了突破性进展，他们的研究成果基本奠定了语用学的理论基础，这可算是语用学发展的第二个阶段，此时的语用学研究仍限于哲学范围内。20世纪70年代后，随着语境（context）的引入及人们对于实际使用语言的重视，语用学作为语言学的一门新兴学科才得到确认。经过哲学家和语言学家们的不断充实和发展，进入20世纪八十九十年代后，语用学得到迅速发展，逐渐成为一门独立的学科。

纵观世界各地的母语教育，重视培养学生的语言表达技能和积极的语用能力，已成为共同的价值取向。法国教学大纲把小学法语课程教学内容分为语言口头实践、书面语言实践、语言知识的学习和诗歌语言的学习四大部分，并且对语言实践提出明确指示："教师创立让学生讲述、描写、阐释、提问的情境，学生们在其中学习辩论或表达感情。这一项表达的工作旨在完善学生话语的组织、和谐和清晰性。"

美国纽约奥尔巴尔市小学(1年级至5年级)《英语语言艺术课程说明》确定的课程任务是:以发展学生的实际交往能力为目的,强调通过每日连贯的教学,培养学生在读、写、说、听技能方面的自信心和主动性,并重视将这些技能训练贯穿于学生日常的学习之中。这些说明或要求均显现出母语教育重视学生语言实践活动,致力于提升学生语用能力的趋势。

二、国内对"语用学"的相关研究

国内对语用学的研究可以追溯到20世纪80年代初。1980年,《国外语言学》(即现在的《当代语言学》)第三期发表了题为《语用学》(胡壮麟)的综述文章,这是第一篇介绍语用学的文章。我国学者何自然在1988年出版《语用学概论》指出:"语用学是语言学的一个较新的领域,它研究在特定情景中的特定话语,研究如何通过语境来理解和运用语言。"他认为:"不管怎样区分,语用能力可以解释为用语言进行得体交际的能力,它可以简化为表达和理解两个方面。为使语言表达得体、合适,语言的使用者就必须学会针对特定的语境,考虑到社会和文化因素,灵活、合理地使用语言;而为了增强对语言的理解力,语言的接受者就必须了解言语交际的一般模式和原则,以及话语意义的多层次性。"

随着《语用学概论》的出版,其他的语用学专著接踵而来。如《语用学概要》(何兆熊,1989)及修订本《新编语用学概要》(2000年)。《汉语文化语用学》(钱冠连,1997)是我国第一部以汉语为语言材料,以汉语文化为背景的语用学专著。

《语用学教程》(索振羽,2000年)是国内最早为研究生编写的语用学教材,该书中提出:"语用学研究在不同语境中话语意义的恰当地表达和准确地理解,寻找并确立使话语意义得以恰当地表达和准确地理解的基本原则和准则。"夏中华教授的《语用学的发展与现状》(2012年)站在学科发展历史及其发展现状的角度,对语用学的定义与发展脉络、我国研究发展现状与不足以及未来发展趋势均进行了描写和分析。

曹明海教授在《语文教学语用论》一书中对语用教学进行了理论与实践相结合的探索。从"语言建构与运用"的语用视角解读语文活动,立足语文教学的语用阐释,探讨语文课改的特性和规律,揭示语用教学与文化渗透指向核心素养的语用论建构呈共存共生的关系,透析语文教学语用本体的意义生成观与教学实践的语用原理。他还提出语文教育本质上是一种语用教育,倡导"语言建构与运用"的语用教学观,倡导"学语文就是为了用语文"的语用基本思想。把语言文字运用作为语文课程一切教学活动与教学设计的核心指向和基本立足点。

以上学者们的理论论著为我国语用学理论的发展奠定了基础。

第三节　语用学对国内教学的影响

王建华在1993年出版的《语用学在语文教学中的运用》首次将语用学同语文教学联系起来。作者在引言里说:"近十多年来,语文教学方面的失误,一是没有认清语文的基本性质,片面强调思想性、文学性或知识性;二是片面强调语言文字的基础知识和基本训练,字词句篇、语修逻文的教学程式化。"

2000年开始的新课程改革,对中国教育产生了极为深远的影响。而对"语用教学"的研究也从未停止。2011年《义务教育语文课程标准》颁布以后,明确了语文学科的定义,即"语文是一门学习语言文字运用的综合性、实践性课程"。王元华在2012年出版的《语用学视野下的语文教学》,在理论上建构了基于语用学的语文教学理论,在实践中成功地实施了高中语用教学实践模式。

目前在小学阶段如何实施语用教学的论著不多，比较系统的是刘仁增在2014年出版的《我的语用教学观》和2015年出版的《语用：开启语用教学新门》，对小学语文语用课堂的实施进行阐述。2014年上海师范大学吴忠豪教授在"全国第九届阅读教学研讨会"上提出"本体性教学与非本体教学"，即本体性是本质的，主要工作就是学习语言文字，情感态度价值观要讲，但是这是非本体性。这一说法，强调了语文课堂要转变教师讲读为主的形态，建立以学生语文实践为主的教学形态。同时要从思想内容的理解转变为语言文字的实践。

2016年，曹明海在《语文教学语用论》一书中提出语用观的核心思想。他认为，树立"语言文字运用"的语用理念，倡导语文课程的语用教学策略，要求语文教育的目标和内容都立足于语言文字运用，将语言文字运用作为课程的一切教学活动与教学设计的核心指向和基本立足点。

2017年，语用教学研究达到顶峰，学者们多从语用和阅读教学相结合的角度进行研究。如陈秋源《基于语用的小学语文阅读教学探究》，杨文钦《紧扣文本　落实语用——小学语文语用型阅读教学冷思考》，王银菊《浅议小学语文阅读教学中语用能力的培养策略》等，都关注了阅读教学中落实语用及语用能力的培养。

随着统编教科书的全面改版，学术界更加专注于教科书的全面解读及对创新编排的特殊单元的实践研究。而针对统编教科书进行的语用教学研究成果比较少，这也为我们的研究提供了新的契机。

第三章 语用教学观的形成

  《义务教育语文课程标准(2011年版)》将语文课程的性质定位于"语言文字运用",指出了语文学科的目标就是引导学生正确地理解和运用祖国的语言文字,发展学生的语言能力。笔者的语用教学观的形成正是随着《课程标准》的颁布,到统编教科书的全面推广使用而逐步建立与完善起来的。概括地说,"语用教学"是一种以学生为主体,以培养语用能力为目标,以教师引导学生学习理解语言、领悟表达、创新实践为语用活动方式的一种小学语文的教学理念和操作体系,其目的在于培养学生听说读写的综合能力,提升学生的语文素养。

第一节　语用教学的概念及特征

一、"语用"的概念界定

语用，是语言的运用，即指人们在一定的语境中对于语言的实际运用活动。《课程标准》指出：语言文字的运用，包括生活、工作和学习中的听说读写活动以及文学活动，存在于人类社会的各个领域。[①]语用学是以语言使用和语言理解为研究对象的学问，它反映人们使用和理解语言的客观规律。[②]"语用"包括语用学当中的"语用"和语文教学当中的"语用"。两者既有联系又有区别。语用学中的"语用"是研究语言背后的语用理据，讲究语言规律的内在探索，即专门琢磨、研究语言。语文教学中的"语用"是学生学习语文后的"语用"，并不是真正语言学意义上的"语用"。语用学指向静态语言的"研究"，而语用教学指向动态语言的实际"运用"。

"语用教学"是基于语用的语文教学，是把语用学运用于语文教学中而形成的一个新的应用语言学概念。王元华认为，语用教学不是与语文教学并列平行的部分，而是包括理论和操作在内的一种语文教学理念与模式，是将语用学理论引进语文教学之中，用语用学理论指导语文教学，用语用理念统帅语文教学的理念与模式。他把语用教学分为语用教学基础部分（识字教学，语言知识教

---

① 中华人民共和国教育部.义务教育语文课程标准（2011年版）[S].北京：北京师范大学出版社，2012：1.

② 何自然、冉永平.新编语用学概论[M].北京：北京大学出版社，2013：3.

学)和发展部分(阅读教学,习作教学)。同时强调,这种划分相对而言,在某种情况下会相互转化。刘仁增在《我的语用教学观》中提出:语用教学中的"语用"既可以指向语言习得的理解式运用、指向语言形式的迁移式运用,还可以指向读写策略的学用型运用。目标指向不同,教学范式和课堂也不一样。

由以上界定可以看出,语用、语用学和语用教学的概念是相互区别又有联系的,语用是语用学的基础,语用学就是以语用为基础,作为教学主体的教师和学生如何在情境交往的过程中取得意义和效果,也就是为了达成教学目标采用的各种策略。把语用学运用到语文教学中就是语用教学。

"小学语文语用教学"就是以学生为主体,以培养语用能力为目标,以教师引导学生学习理解语言、领悟表达、创新实践为语用活动方式的一种小学语文教学理念和操作体系。在现阶段的研究和探索过程中,语用教学主要以小学语文阅读教学为研究和实验对象。

二、"语用教学"的特征描述

(一)课堂形态:学习"语用"

叶圣陶先生曾说:"平常说的话叫口头语言,写到纸面上的叫书面语言。语,就是口头语言,文,就是书面语言。把口头语言和书面语言连在一起说,就叫语文。"可见,语文就是口语与书面语的统一体。从内容看,语文学科不像其他学科,学习内容包含在课文内容中,理解了课文内容也就基本掌握了学科知识。语文课文包罗万象,但很少有直接传授语文知识及语言运用形式的内容,学课文不等于一定掌握了语言运用形式。由此看,语文学习并不过多侧重在内容上,而是透过内容学习语言表达。从言语形式看,在语文学习中,我们经常可见同样的言语内容可用不同的语言形式表达。

如《画家与牧童》一课,众人对戴嵩的《斗牛图》纷纷夸赞,表示同样意思的还有商人的"称赞"及教书先生的"赞扬"。语用教学就是让学生更多地理解把握言语形式,学习语用。教科书中蕴含着丰富的言语形式,诸如《穷人》中对主人公桑娜细腻的心理活动描写及省略号的使用;《人物描写一组》中对嘎子和胖墩摔跤的动作描写及心理活动的细致刻画。对严监生素描一样的典型细节描写及对祥子的外貌描写;《北京的春节》按时间顺序组材,详略得当的表达方式;《威尼斯的小艇》以点带面,以写小艇来展现一座城市的写作特点⋯⋯都是语用教学中学习言语形式的好范例。从以上角度可见,语用教学的课堂形态是学习语用。

(二)教学目标:突显语用学习过程

小学语文教学的根本目的和任务是引导学生理解和运用祖国的语言文字。"学习语言文字运用"中的"运用"是目标,"学习"二字不能忽略,它强调了学生语文学习的过程。我们探讨语言文字的运用要区分语文课堂的运用和工作生活中的运用,语用教学就是通过语言文字训练,使学生获得理解和运用语言文字的能力。要关注的是课堂上学生语言实践的过程而不仅是语言运用的结果。以人教版《香港,璀璨的明珠》一课为例,谈一谈教学目标的确定:

目标一:正确、流利地朗读课文,掌握文中生词;认识香港,激发学生热爱祖国,热爱香港的思想感情;指导学生理解"东方之珠"的含义。

目标二:正确、流利地朗读课文,理解课文中四字词语;学习运用课文中四至六个词语说话写话;理解香港是我国南海之滨璀璨的明珠。

通过比较,可以清晰地看到目标二是围绕语言文字运用设计的,而目标一则是围绕课文内容展开的。再看教学过程,在目标一的设定下,教学大致是:复习导入,整体回顾;品词析句,体会句子含义;总结全文,感悟中心。整个教学过程仍然是围绕课文内容展开。

目标二的教学过程:首先,引导学生整体感知课文内容,理解语言文字表达的情感。其次,品读课文,体会表达,发现语言现象。学习运用课文中四至六个词语说话。再次,创设语用情境,进行迁移。运用课文中四至六个词语写话。在此过程中进行情感及价值观的引导。可见,语用教学不只关注结果,更关注"学习语言文字运用"的过程,即由理解到领悟再到实践的过程。

（三）教学思路：以语用为主线

阅读教学要经历两个阶段，即从文本语言到内容，再由内容回到语言文字。具体来说，第一阶段，从语言文字入手，理解内容、体会情感，第二阶段领会作者是如何用语言文字来阐述内容，表达情感的，通过这个过程学习语言。两个阶段的出发点是语言，落脚点也是语言，这也是所谓的"言意兼得"。语用教学是以语言运用为主线，带动对课文内容的理解，强化学生对语言表达特点和规律的学习，并通过教师精心创设听说读写语用情境，引导学生迁移，运用。

语用教学同以内容理解或情感态度价值观熏陶为核心的教学不同。它在于培养学生听说读写的综合能力，提升学生的语文素养。因此，语文课堂应是实实在在的"语文味"，充分体现语文学科工具性和人文性的统一。不是思想品德课，也不是自然科学常识课……语文课的落脚点在语言。

如统编教科书三年级上册《富饶的西沙群岛》，这个单元的语文要素是：借助关键语句理解一段话的意思。课文第二自然段这样写的："西沙群岛一带海水五光十色，瑰丽无比：有深蓝的，淡青的，浅绿的，杏黄的。一块块，一条条，相互交错着。因为海底高低不平，有山崖，有峡谷，海水有深有浅，从海面看，色彩就不同了。"举两个教学片段：

设计一：读这段话，体会海水颜色多的特点。海水都有哪些颜色？课件展示海水的五光十色，瑰丽无比。海水为什么会有这么多颜色呢？播放课件，展示原因图。这是一幅多么美丽的画面，自己试试怎样才能读出海水的美。

设计二：读这段话，找一找海水有哪些颜色？这些写颜色的词在结构上有什么特点？你能再说几个这样的词语吗？是什么原因造成海水颜色多的？出示练习：之所以从海面看色彩不同，是因为海底（　　），有（　　），有（　　），海水（　　）。这句话和课文叙述的有什么不同？（先说结果，后说原因。）这也是一种表达方式，和课文表达的意思是相同的。和老师合作读，老师读第一句，你们读后面的部分。读后看一看你有什么发现？这个自然段就是围绕第一句话的意思写的。

从上述两个片段的比较中,我们不难发现,设计一是比较典型的以内容理解为核心的教学,过于强调科学知识,而偏离了语文教学的本质。这种教学是教师以问题的方式让学生从文中找答案,期间适当安排语文知识的教学,理解内容是目的,得"意"为目标。设计二是以学习语言文字运用为目的的教学,其核心是听说读写。从发现语言现象到模仿着说一说,再到句式训练;从合作读,在读中渗透"借助关键语句理解一段话的意思"的方法,其教学目的是让学生会用,是得"言",是在实践活动中培养学生语言文字运用的能力。

第二节　语用教学的探索策略

探索语用教学的目的是构建以《课程标准》理念为指导的,遵循语文教学规律的,符合学生学习实际的小学语文阅读教学理论和实践体系,以全面提升学生的语文素养,促进学生的全面发展。其探索过程主要包括以下三个方面:

一、遵循语文教学的规律

教育界对语文课程性质的认识经历了一个不断深化的过程。中华人民共和国成立后的三十年,"工具论"是我国对语文课程性质的主流界说。改革开放以后,我国语文教育界对语文课程性质的认识有了新的变化,开始由"工具"转向"基础工具"的界说。[①]

1980年颁布的《全日制十年制学校小学语文教学大纲》强调:"掌握了语文这种基础工具,对于学习其他各门知识,是非常重要的。"1986年颁布的《全日

———————————

① 彭泽平.建国以来我国对语文课程性质认识的变迁 [J].教育探索,2003（12）.

制小学语文教学大纲》指出："小学语文是基础教育中的一门重要学科，不仅具有工具性，而且具有很强的思想性。"语文是"最基本的工具""学生掌握了这个工具，不仅具有日常交际的本领，而且有利于学习各门功课，获取新的知识，有利于今后的发展"。

随着社会的发展，片面强调"工具论"，对语文教学产生了消极影响。进入20世纪90年代，出现了阐述语文教学的新理论，一批学者从"人文说"的角度重新探索语文教学的性质。其后的语文教学改革明显注重了语文教学的人文性。

2000年颁布的《九年制义务教育全日制小学语文教学大纲》（试用修订版）指出："语文是最重要的交际工具，是人类文化的重要组成部分。"这一课程性质的认定，强化了语文课程对于人文素养培育的价值。

21世纪之初，新一轮基础教育课程改革全面启动后，我国语文教育界对语文课程性质的认识又有了进一步的深化和发展。中华人民共和国教育部制定的《全日制义务教育语文课程标准（实验稿）》明确指出："语文是最重要的交际工具，是人类文化的重要组成部分。工具性与人文性的统一，是语文课程的基本特点。"2000年语文修订大纲，在这一表述的基础上，又加上了"工具性与人文性的统一，是语文课程的基本特点"这一句话。2011年《义务教育语文课程标准》颁布以后，明确了语文学科的性质，即"语文是一门学习语言文字运用的综合性、实践性课程"①。语用教学的探索正是基于《课程标准》对"语文"的界定，即"语言文字运用的综合性、实践性课程"。

二、遵循学生的认知规律

语用研究的是人们在一定的语境中对于语言的实际运用活动。因此，教学情境的创设是非常重要的。教学中除了充分把握教学内容，精准把握文本语言外，还要努力寻找学习内容与学生认知规律的结合点，用最符合学生认知心理

---

① 中华人民共和国教育部．义务教育语文课程标准（2011年版）[S].北京：北京师范大学出版社，2012：2.

的教学方式促进他们对新知识的学习,从而完成对新意义的建构。语用教学课堂教学情境的创设,就必须遵循以下认知规律。

（一）认知活动由简单具体向复杂概括发展

现代认知心理研究指出:学生的学习过程从根本上讲是一个认知过程,即把教材知识结构转化成学生的认知结构的过程。这种认知过程往往是由感知事物直观现象而引发,以形象思维为主,由感性到理性、由现象到本质、由具体到抽象,逐步向抽象思维过度。这就要求我们遵循学生的这一认知规律,注重激发学生已有的生活经验,创设富有情趣的教学情境,引导学生自主学习,以生活为源泉同化新知识,将新知识快速纳入学生学习认知体系,帮助学生完成具体到抽象、感性到理性的认知过程。

（二）认知活动从无意向有意发展

儿童最初的认知活动是不自觉的、无意识的,而后慢慢地向有意识的心理活动发展。那些不自觉的、无意识的活动其实就是儿童调动已有知识和能力的过程,而有意识的活动则是儿童需要在认知过程中不断学习和强化的内容,如有意注意、有意记忆等。教师教学时应当遵循个体认知发展的一般规律,要建立在学生已有的知识经验水平的基础上,循序渐进,由浅入深,注重所教内容之间的联系,由已知到未知,从无意向有意过渡,增强教学效果。统编教科书所呈现的编写特点,正是遵循了学生的认知规律,由易到难地编排了单元语文要素,体现了螺旋式上升的梯度,其目的是通过多样化的内容与活动,借助教师的课堂主导作用,提高学生语言运用的能力,促进学生语文素养的提升。

（三）认知活动从笼统到分化逐步整合发展

现代认知心理学的研究成果表明:人感知某事物时总是先对该事物有笼统、模糊的综合印象,进而对组成该事物的各个部分进行分析,最后才构成新的综合,达到对事物清晰、准确的认识。这就要求教师形成教学的整体观并以此指导课堂教学的展开——引导学生先整体感知和理解教材,然后再深入学习关键部分。在关键部分的学习中发现语言运用的规律,并通过情境创设进行迁移训练。最终达成语言文字运用能力的提升。

语用教学的探索，首先要确认"以生为本"的现代教学理念，遵循学生的认知规律，挖掘学生最近发展区。依据教学内容和学生的知识基础确定清晰的教学目标，恰当情境导入，开展有意义的活动，应用有效的教学策略，留给学生充分的时间和空间，让学生成为教学的主体，站在课堂的中央。让语文教学为学生的言语发展，语文素养的提升服务。

三、借鉴教学改革的经验

教学方法是教学理论的具体体现。过去的语文教学方法一种是以讲代学的串讲法，另一种是以问代讲的谈话法。

中华人民共和国成立之初，阅读教学基本采用的是注入式的串讲法来讲授语文课，比较强调教师的"教"，忽视学生的"学"。课堂上重视学习结果，忽视学习过程。关于谈话法是很早以前就被提出来的一种教学方法，古希腊哲学家苏格拉底提出过启发问答法，我国近代学者提出过讨论式的讲授法，虽然名称不同，基本精神是一致的。20世纪50年代"红领巾教学观摩讨论"以后，阅读教学开始引进苏联谈话法、讲读法等教学方法，扭转了阅读教学中教师一讲到底的局面，关注学生在学习过程中主体作用的发挥，加强了师生双方的情感交流，但是也出现了教师提问过多，一问一答等形式主义现象。经过"红领巾教学"，这种方法才推广开来，被广大教师所重视和运用。

20世纪60年代，"精讲多练"的提出对小学阅读教学方法改进起到了积极的推进作用。1980年以后，在培养能力，发展智力的基础上，语文教学大纲又提出了加强"语言文字训练"的观点，将语文能力培养提高到突出的位置，然而学生学习的主动性没能得到充分发挥。2000年的语文课程标准把改变学生的学习方式作为教学改革的重心，倡导自主、合作、探究的学习方式。这些新的语文课程理念和教学方式的提出，确立了学生在阅读教学中的主体地位，对转变教师的教学观念，促进阅读教学方法的改革起到了积极的推进作用。

　　六十年来小学阅读教学方法发生了深刻的变化：串讲法—谈话法—讲读法—训练法—自主、合作、探究学习方式，教学方法的重心从以教师的"教"逐渐向学生的"学"转移，学生学习方式不断从"接受性学习"到"自主学习""发现性学习"变化。阅读教学方法的改变，反映出教师对语文课程学习规律的认识越来越深入，越来越正确。[①]

　　新时期产生的小学语文教学法中，对教学实践产生重大影响的有两大流派，一是情境教学法，一是导读法。情境教学是由李吉林教师根据语文教学规律和儿童心理特点，逐渐形成的一个在我国小学语文教学中颇有影响的流派。其特点是将学生带入特定的情境，在情境中进行语言训练。"导读"就是教师致力于导，学生循导学读，以学生的阅读实践活动作为培养阅读能力、掌握阅读方法、养成阅读习惯的主要方式，通过扎实有效的序列训练，培养学生综合的语文素质的一种教学模式。这两种模式对小学语文阅读教学产生了重大影响。

　　随着时代的发展，教学观念的不断更新，相继出现了"情智语文""主题教学""诗意语文""感悟式教学""组块教学"等教学方法和模式，从不同角度探索阅读教学的一般规律，取得了丰硕的成果。阅读教学方法的深刻变化，教学流派的不断推陈出新，促使语用教学要构建新型的阅读教学理论，其探索和研究过程必定要注重学习教学改革的先进经验，学习优秀的教学理念及教学方式，借鉴其中的新思想，以丰富和改进语用教学的理论和实践体系，促进深入探索。

① 　吴忠豪. 新中国 60 年小学阅读教学改革 [J]. 语文教学通讯，2009（6）.

第三节 语用教学的探索过程

一、探索语用教学的课堂练习形式(2011年至2013年)

笔者对语用教学的研究,基于在语文教学实践中发现的问题。课程改革初期,在下校听课的过程中发现:虽然课改改变了小学语文课堂面貌,但是课堂中依然存在教师重讲解、重追问,学生缺少感悟、体验文本语言的实践与言语训练的过程。语文教学中人文性被无限放大,学科德育过于突出,而工具性明显不足,很多语文课的落脚点在情感态度价值观上,语文课的语文味没有了。崔峦先生在全国第七次阅读教学研讨会上提出:"和内容分析式的阅读教学说再见。"这为阅读教学指明了方向,即由分析内容的教学转向以策略为导向的教学,注重读法、写法、学法的指导。以提升阅读理解能力,运用语言能力和学习能力。

叶圣陶先生早在六十多年前提出:"学语文为的是用,就是所谓学以致用。经过学习,读书比以前读得透彻,写文章比以前写得通顺,从而有利于自己所从事的工作,这才算达到学习语文的目的。"《课程标准》首次提出"学习语言文字运用",揭示出语文教学的本质是言语能力的建构,而非单纯的语文知识传授。

基于此,笔者在本区开展了"学习语言文字运用"的教学研究。在研究的初始阶段,进行了《小学语文课堂练习实效性的研究》,把语文教学的关注点放在了课堂练习上。笔者认为通过练习加强语言文字的运用,有助于扭转阅读教学重阅读、轻读写的现象,有助于提高学生口头和书面表达的能力,还有助于提高学生运用语文解决学习生活中实际问题的能力。课堂上要保证十分钟写的时间，依据年级的不同，设计形式多样的练笔。低年级识字、写字、学词，写话；中年级写段，围绕一个意思写具体；高年级落实课后练笔，写出自己的感悟。"写"成为语文教学的主要内容。

随着研究的深入，笔者发现：当前的教学研究走了偏路，一味地"写"使语文教学从重阅读，轻读写走向了另一个极端。语文课又呈现出这样一番景象：内容理解被削弱，小练笔大行其道；第一课时的教学只读课文，学生字，缺乏整体感悟；阅读教学不顾文本的整体语境和氛围，硬插进所谓的练习设计，让学生莫名其妙地进行操练；语文课听不到琅琅读书声，各种形式的迁移、拓展占据了大量教学时间。"学习语言文字运用"到底怎样落实在课堂上？什么样的设计是有效的？应该构建怎样的教学模式？研究陷入了迷茫。

笔者针对新的问题进行反思，静下心来再学习。通过对课程标准理念的再学习及阅读了大量的论著和文章。进一步明确了：听说读写的实践都是运用，学习的过程、实践的过程就是运用的过程。理解和运用不是对立的，运用应该包含理解。尤其是陈先云理事长在"2013中国小学语文特级教师高端论坛"上提出：理解、表达、交流、分享是语言文字运用的四个维度。由此看来，运用不只是口语与书面语的表达，更不仅仅局限于书面表达。课堂练习设计应该包含理解层面的练习设计，以培养学生"理解层面的语用能力"。

基于此，2014年笔者开始进行关于小学语文语用教学方面的研究，并构建了"理解层面的语用能力"这一新的理论认识。"理解"的重要途径是读，"书读百遍其义自见。"笔者从说和读两方面进行拓展性语用教学研究，改变了课堂教学面貌。

二、探索语用教学的课堂教学模式（2014年至2017年）

在对语用教学的课堂练习形式的探索告一段落之后，笔者从2014年下半年开始，历经三年的研究，探索和概括出"理解·领悟·创境·实践"小学语文语用教学新模式。

"理解·领悟·创境·实践"教学模式就是把"以生为本""以语用为主线"作为教学理念,把教师引导下的学生自主的语文实践活动作为基本的教学策略,让学生在阅读中有所领悟,发现语言运用的现象及规律,通过教师创设听说读写语用情境,引导学生迁移运用,以培养学生综合的语文素养的小学语文阅读教学模式。

该模式有以下特点:一是让学生成为语文学习的主人;二是引导学生进行言语实践成为课堂上的主要活动方式;三是让"学习语言文字运用"成为教学主线,贯穿课堂教学始终;四是让学生在听说读写的实践中提升语文素养。

至此,笔者的语用教学观初步形成。经过近三年的实验,对《课程标准》提出的"学习语言文字运用"有了更明确的认识,同时针对教学现状,探索出小学语文"语用教学"的实施策略。在天津市未来教育家奠基工程学员结业答辩会上,笔者向教学专家介绍了该模式及教学策略的实施,得到了专家学者的高度肯定。这一时期,本人执教的《画家与牧童》一课,较全面地体现了该模式的主要特点。在经历了初试和探索阶段,在实践、反思、再实践的基础上小学语文语用教学策略研究日趋成熟。

三、探索语用教学的理论与实践体系(2018年至2021年)

2019年秋季,小学语文统编教科书实现全覆盖使用。统编教科书尤为突出的特点是:采用双线按单元组织课程内容,尝试构建语文学科训练体系,呈现方式丰富多样,让语文学习活动的开展更加富有成效。我将研究重点锁定在了解教师使用统编教科书培养学生语言能力状况,帮助教师充分利用统编教科书特点,着力于学生语言运用能力的培养上。这一时期,结合统编教材的培训进行了深入的教材解读与大量的教学实践。语用教学在理论和教学实践方面的探索初步完成。

（一）对统编教科书语文要素进行体系梳理

笔者从小学生语言运用能力的标准入手，对统编教科书能力体系进行梳理。

1.小学生语言运用能力的标准

中华人民共和国教育部、国家语言文字工作委员会在2012年12月颁布的《国家中长期语言文字事业改革和发展规划纲要（2012—2020年）》（以下简称《纲要》）将"提升学生语言文字应用能力"列为重点工作。《纲要》指出："加强学生语言文字应用能力培养。中小学校要依据语文课程标准组织教学，加强识字与写字、口语交际、阅读、写作等方面的教学，加强中小学规范汉字书写教育，注重语言文字的综合运用，全面提高中小学生听说读写能力。"

语言文字运用能力可分为体现语文基本功的"阅读能力"和体现语言综合运用能力的"语言表述能力"两部分。具体而言，"阅读能力"体现在"读懂文章""把握文义""筛选信息""提炼概况"等四方面；"语言表述能力"在应用文的写作中主要体现在语言表述的准确性、得体性与简洁性等三方面。"表述的准确性"体现在：表述事实要准确、表述概念要准确、表述语言要准确；"表述的得体性"体现在：表述身份要得体、表述角度要得体、表述语体要得体；"表述的简洁性"体现在表述语言要简洁明了。在纪实作文中则体现在：拟题准确简明、中心突出、选材切题、内容具体充实、语言准确生动。

2.统编教科书能力体系的构建

统编小学语文教科书明确了一个核心概念：语文要素。所谓语文要素就是语文训练的基本元素，包括基本方法、基本能力、基本学习内容和学习习惯。统编小学语文教科书，努力构建符合语文学科基本规律、适合学生身心发展特点的语文能力发展训练体系，将必备的语文知识、基本的语文能力、常用的学习方法或适当的学习策略和学习习惯等，分成若干个知识或能力训练的"点"，统筹规划训练目标的序列，并按照一定的梯度，落实在各个年级的相关内容或活动中,努力体现语言文字训练的系统性。①

（1）纵向编排,突出训练目标的连续性和发展性。从纵向上看,在语文知识与能力、方法与习惯等方面,教科书统筹规划训练目标序列,力求做到目标精准,体现语文要素安排的系统性和发展性。学过的语文要素,包括先前册次和本册前面的单元,在之后的语文实践中反复运用,不断提升,这是教科书训练体系上的一大特点。

以"把握文章的主要内容"为例,统编教科书构建了训练学生把握文章主要内容的两条明线：一是复述故事,侧重口语的发展；二是安排相应的训练要素。如四年级上册"关注人物和事件,学习把握文章的主要内容",四年级下册"学习怎样把握长文章的主要内容",五年级上册"阅读时注意梳理信息,把握内容要点",六年级上册交流平台对小学阶段学习的"把握文章的主要内容"的方法做了总结。从教科书的编排体系中可以看出,统编教科书的语文要素纵向线索清楚,由易到难,螺旋式发展,能稳步促进学生语文素养的提升。教科书的可操作性也非常强。

（2）横向编排,突出能力培养的整体性和综合性。从横向上看,从三年级开始,教科书在每个单元导语中,围绕阅读、表达两个方面明示本单元的重点语文要素,课后的思考练习题落实本单元的重点语文要素,"语文园地"中的"交流平台"对本单元的学习方法进行回顾、总结。每个单元语文要素的学习环环相扣,将语文学习方法的掌握、语文能力的发展落到实处,突出能力培养的整体性和综合性。将单元导语、课后思考练习题、交流平台、词句段运用等内容视作一个整体,这是教科书编排体系的一个特色。

（3）创新编排体例,实现多种功能。为使学生获得必要的阅读策略、习作能力,教科书专门编排了一些特殊形式的单元,突破了传统语文教科书的编排体例。从中年级开始编排了阅读策略单元,以引导学生获得必要的学习阅读的策

---

① 陈先云.课程观引领下统编小学语文教科书能力体系的构建[J].《课程·教材·教法》2019（3）

略,使他们成为积极的阅读者。教科书选取了四种最基本的阅读策略"预测、提问、阅读要有一定的速度、有目的地阅读",编排了以帮助学生掌握阅读策略为主要目标的单元。

以习作能力发展为主线,组织独立的习作单元内容。按照学生习作能力发展的规律,教科书在三年级至六年级每册安排了一个习作单元,聚焦习作能力发展的某一方面,加强习作在小学语文教学中的分量,使习作教学更具系统性、针对性和可操作性。

(二)理论与实施体系的探索

随着统编教材的全面使用,从2018年到2020年,语用教学在理论和教学实践方面的探索初步完成。这期间主要包括以下方面:

1.理念的概括

经过探索和概括,语用教学确立了三个基本教学理念。一是"以生为本"的理念。站在学生的角度解读教材,教学中关注学生主观的想法和需要及学习新知识的动机,让学生的主体地位真正得以实现。二是"以语用为主线"的理念,揭示语用教学是以语言运用为主线,带动对课文内容的理解及单元语文要素的落实,强化学生对语言表达特点和规律的学习,并通过教师精心创设听说读写语用情境,引导学生迁移运用。三是"理解·领悟·创境·实践"的理念,指出学生学习的过程是感受语言—领悟表达—创设情境—创新实践。这四个方面有机结合,相互促进,逐步提升学生的语言文字运用能力。

2.理论的建构

理论的建构包括语用教学的理论基础、教学特征和教学原则等方面。在教学总体特征上主要体现在:课堂形态"学习语用";教学目标"突显语用学习过程";教学思路"以语用为主线";教学效果"提升学生的语用能力"。在教学原则上提出了过程性原则、实践性原则、创造性原则和发展性原则。

3.课式的拓展

语用教学课堂教学模式在实践中产生了多种变式,如朗读感悟交流课、情境创设体验课、问题发现探究课、阅读策略运用课等。这些教学探索,丰富了语用教学的操作体系,有利于语用教学模式的实际应用。

将以上三个阶段的成果整合在一起,语用教学的理论和实践体系已基本建构完成。在探索语用教学的过程中,笔者曾多次应邀在各类教学会议、市区级教研活动及各类工程学习和骨干教师研修班中,以专题讲座、报告和现场课的形式与外省、本市专家、教师交流探讨语用教学。与此同时,本人执教的《画杨桃》《回声》《篱笆上的月亮》《富饶的西沙群岛》《地震中的父与子》《画家和牧童》等受到教学专家的好评。

小学语文语用教学的探索,正值《课程标准》颁布时期,也是小学语文教学发展的关键时期。语用教学的探索,得益于小学语文整体教学的发展,得益于前期教学改革的成功经验,并已融入教学改革的浪潮中,正在为更多的语文教学工作者认识和肯定。

第四章 语用教学的实施

　　理论的落脚点是实践，前述章节更多的是对语用教学理论的探究，而从本章起，将开始逐步向教学实践转向，提出可操作的具体化的实践策略。本章首先论述语用教学实施的教学原则，强调过程性、实践性、创造性和发展性，而后讲述语用教学从提出到推广的整个实施过程，看语用教学如何从幼苗逐渐发展为参天大树，最后总结理论探索与实践经验，提出"理解语言内容—领悟表达特点—创设语用情境—模仿迁移创造"的语用教学模式，为广大教师开展语用教学提供基本的模式参考。

第一节　小学语文语用教学的实施原则

　　教学原则是有效进行教学必须遵循的基本要求和原理。它对教学中的各项活动起着指导和制约的作用。教师在教学中只有正确地贯彻教学原则，才能更好地引导学生的学习，使学生的身心和素养获得发展。小学语文语用教学在创立的过程中，提出了四条教学原则：过程性原则、实践性原则、创造性原则和发展性原则。本节将对这四项教学原则进行简单介绍。

一、过程性原则

（一）过程性原则的表述

　　"过程"在现代汉语词典中的解释为"事情进行或事物发展所经过的程序"。任何事物的发展都需要经过一定的过程，过程是通往目标的必经之路。《课程标准》关于阅读教学部分的要求是"阅读教学应注重培养学生感受、理解、欣赏和评价的能力"[①]培养学生的阅读能力是语文阅读教学的基本目标，这需要经过长时间的过程才能得以实现，这就需要教师引导学生透过文本的字、词、句、段、篇的表层意义进入隐藏在表层意义后面的语境的深层含义中，使学生学习知识、陶冶情操，并在语言的实际运用中掌握语言知识，提高语用能力，发挥语言知识的功能。

---

① 中华人民共和国教育部．义务教育语文课程标准（2011年版）[S].北京：北京师范大学出版社，2012：22.

（二）贯彻过程性原则的要求

过程即结果，一切结果均在过程中产生。有什么样的过程就会产生什么样的结果。"学习语言文字运用"，强调的是学习，凸显的是过程。语用教学更要关注的是课堂上学生语言实践的过程而不仅是语言运用的结果。这就需要教师在精准把握文本语言特点的前提下，引导学生充分感受语言，领悟表达，在此基础上进行听说读写的实践。

1.立足文本，筛选内容

王荣生教授在《语文课程论基础》中提出："语文教学内容，是教学层面的概念，从教的方面来说，主要指教师为达到教学目标而在教学实践中呈现的种种材料。它既包括在教学中对教材内容的沿用，也包括教师对教材内容的'重构'——处理、加工、改编乃至增删、更换；既包括对课程内容的执行，也包括在课程实施中教师对课程内容的创新。"语用教学是以培养学生的语用能力为目标，所以语用教学的教学内容也是要基于学生语用能力的发展和提升。因此，在教学时，教师应该立足文本的言语形式，对文章内容进行分析和有效筛选，带领学生深入挖掘文本内容，发现文本语言文字运用规律，培养学生的语感，提升学生的语文素养。

2.建构策略，提升品质

语用教学并不是语言文字的机械式训练，它在强调语用技巧的同时，更注重体味语言文字背后蕴含的语意和情感。在语文教学中，阅读能力的提升也是语用教学的目标之一，只有掌握了一定的阅读策略，才能更准确有效地筛选信息、了解内容、体味遣词造句和表情达意。语用教学就是通过语境的建构，让学生走进文本，积累语言材料，内化表达方式，提高感悟能力，增强语言品质的过程。

二、实践性原则

（一）实践性原则的表述

实践是体验、练习、运用和提升的过程。语文课程的"实践性"特点决定了语文教学必须借助听、说、读、写等言语实践活动，在体验中练习，在运用中提升。语用教学的实践性既包括听、说、读、写等言语表达实践，也包括了学生对于文本的感悟、鉴赏等促进语文思维提升方面的实践。

（二）贯彻实践性原则的要求

语文是一门实践性很强的学科，只要我们能充分利用好学生已有的知识，灵活地给学生提供形式多样的语言实践机会，学生就能乐在其中。为此，语用教学中，教师要根据教学内容以及学生已有的学习经验，从不同角度设计一些以学生主动探究、思考与合作的探究性练习。体现"学为主体，用为主轴，教为主导，练为主线。"

1.言语表达

我们常说"语文课要上出语文味"，是因为语文课与其他课程的根本区别在于学生在语文课上的语用体验。如果一节课上，教师只是概括主要内容、段落大意，分析文本内容、布局谋篇，总结写作手法、中心思想，试想学生在教师机械的分析和解读中只能是雁过无痕。语用教学所提倡的是让学生通过自己的实践进行感知和体验，获得认知和提升。如朗读体验、口语表达、课堂练笔等。只有来源于学生自身的言语表达实践体验才具有真实感和生命力，才能引发学生情感的共鸣。

2.迁移运用

语言文字只有在运用中才能发挥其功能，而语用能力只有在不断迁移运用中才能提升。语用教学的最终目标是培养学生的语用能力，因而语用教学重点是对语言的积累、内化和运用，绝不以文本内容的理解分析代替学生的言语实践。学生在教师的启发和引导下，借助一定的语言形式和语言材料，在一定的语境中表达自己的真情实感,在言语的实践中加深对文本内容的认知,同时实现对语言的迁移运用。

三、创造性原则

（一）创造性原则的表述

"创造"即在原有内容基础上进行创新。语用教学提倡教学内容和教学方式的创新。教学内容上更注重对语言的品位、积累以及运用;教学方式上更提倡以学生为主体,创设语境,在言语实践中不断积累和运用的新型教学方式。这种教学方式围绕"语用"这一核心,帮助学生感受语言,领悟表达,积极实践,从而更好地使用语言,提升语文核心素养。

（二）贯彻创造性原则的要求

语用教学要避免教学内容选择的随意性,不是想教什么就教什么,想练什么就练什么。一篇文章可教的知识点很多,教师在教学过程中要依据《课程标准》中的年段要求,依据单元语文要素,牢牢抓住语言训练点。基于教科书,又能创造性使用教科书,由"教教科书"转变为"用教科书教",实现"基于文本的超越"。

1.以语用为核心

语文课程的教学活动与教学设计的核心指向和基本出发点就是语言文字运用。[①]以语用为核心的小学语文阅读教学就是以培养语用能力为目标,让学生在语言情境中感受语言文字的魅力,在阅读教学活动中重构自我认知发展体系,实现语文课程的功能。

2.以学生为主体

《课程标准》中反复强调学生在语文学习中的主体地位,作为教师要从传统的教学理念中跳脱出来,树立以学生为主体的教学理念。激发学生学习的内驱

---

① 曹明海.树立"语言文字运用"的教学关——读《义务教育语文课程标准（2011年版）》[J].语文教学通讯,2012（5）.

力,逐步养成积极主动的学习态度,探究思考,合作学习,形成创造性的学习效果。"教"是为了"不教",这对教师而言是更大的挑战,教师在教学活动中是观察者、引导者和组织者的角色。语用教学需要教师精准把握文本和学情,采用科学的教学方法,精心策划学生的言语实践活动,让学生在发现、体悟、积累和运用的积极语用状态下提升言语能力。

四、发展性原则

（一）发展性原则的表述

事物是不断变化发展的,任何能力的形成都不是一蹴而就的,需要长时间的培养才能够形成。语言文字的运用对于整个小学阶段而言是随着学习能力的提升而不断发展的。因而,语用教学的发展性也体现在教学过程中不仅着眼于学生当下的语用知识水平,更重要的是放眼未来,全面丰富学生的语用知识,致力于学生未来阅读力、学习能力的提升。

（二）贯彻发展性原则的要求

语用教学的目标是培养学生的语用能力,提升学生的综合素养,促进学生的全面发展。语用教学过程是学生的主体发展过程。这里所说的发展,不仅指学生语用能力的发展,还包括其他方面的发展,如智力、情感、意志、品质、个性及与人交往,表达情感等方面的全面和谐发展。教师应引导学生通过感受、领悟、实践促进学生生动、活泼、主动地发展。

1.语用能力的发展

良好的语文素养体现在学生积累了丰富的语用知识、形成了突出的语用能力,这是一种植根于内心的语用品质。语用知识的丰富体现在学生在教师的引导下对现有语言知识内容以及基本阅读知识和写作知识的掌握和积累,根据自己的需要进行口语交际和书面表达。学语文的目的在于用语文。语用教学希望实现的是学生语用能力的发展提升。具体表现在阅读实践中能够基于文本的语言文字去理解作品,快速走进文本,提升自我的理解力和鉴赏力;在言语实践中表达自己对事物的所思所感所想,提升自我的表达力和创造力。

2.语文思维能力的发展

在小学语文阅读教学中,仍然存在着对学生进行单一的知识讲解,学生被动接受知识灌输的现象。究其原因在于有的语文教师一味完成自己的教学设计,不顾学生的整体学情。语用教学是以学生为主体,以"语用"为主线,以培养语用能力为目标,引导学生在听、说、读、写实践中体味语言的精妙,在一定的语境中灵活运用语言材料和表达技巧。听、说、读、写是叶圣陶先生提出的重要的语文课程观,也是我国传统语文教育的宝贵经验。阅读与表达并重是小学统编教材里面的重要理念,就是体现了叶圣陶先生提出的听、说、读、写并重的语文课程观。语用教学不仅着眼于学生对语言文字的理解和运用,而且放眼于学生言语智慧的提升和语文思维能力的形成。

第二节 语用教学体系的构建

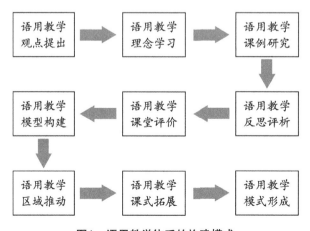

图1 语用教学体系的构建模式

一、语用教学观点提出

"语用教学"的提出是在总结新课程改革下，结合笔者所在区域教育教学现状的基础上进行的。是在新一轮课程改革下，来回观和审视课堂教学发展问题的。《课程标准》中"学习语言文字运用"的首次提出，揭示了语文教学的本质是言语能力建构，而非语文知识传授。一时间，语言文字运用引起了广大一线教师的高度关注。但语文教学的现状并不乐观，具体表现为：

有的教师认为，《课程标准》重视"运用"就可以跳过"理解"的环节，不重视语用学习过程，直接迁移训练。于是语文课在内容理解尚不充分的前提下，便进行所谓的语用练习，其结果就是莫名其妙地操练，收效甚微。语文教学从"重阅读，轻读写"走向了"不理解就运用"的极端。

有的教师认为，"语言文字运用"就是读写结合、课堂练笔。于是，不管课文中是否有适合练笔的内容，也不顾文本的整体语境和氛围，随意插入练笔设计。只要写了就是运用了，这种观念充斥着阅读教学。这种现象暴露出教师对《课程标准》理念的片面理解。实际上，"写"是运用的一种形式，听说读写的过程都是运用的过程。

有的教师认为，语文教学的最终指向是"写作"。于是，课堂上偏重写作方法和技巧的训练，阅读教学成了习作指导。阅读是提高学生习作能力的途径之一，但是，阅读教学还肩负着培养学生理解、感悟、鉴赏、评价的能力，尤其强调有效的阅读策略，不能把"学习语言文字运用"等同于"学习写作"。

基于对上述语文教学现状的思考，基于语文课程的基本理念及全国语文教学研究提出的观点。笔者于2014年提出小学语文"语用教学"的观点，同年申报天津市教育科学学会"十二五"规划课题《小学语文"语用教学"的实践探索》，主要对阅读教学中的实施策略进行实践研究。在理论上，力求以新的教育教学理念对小学语文语用教学进行系统梳理，探索规律。在实践上，突出小学语文语用教学的策略研究。

此项研究的价值和意义突出在以下三个方面：一是正本清源。针对发现的上述问题，对"语用教学"的概念进行厘清和审视，防止课堂教学走向"不理解就运用"的极端。二是提供策略。该研究期望通过探索和实证研究，从课堂教学着眼，通过语用教学方式，建构有效的课堂语用形式。从语言文字的理解、语言形式的仿写、言语材料的运用、文本内容的创生等方面为教师提供策略指导。三是实现轻负高质。以学科基地为中心，点面结合，资源共享。实现"高质量发展"，让学生的语文学习落实在课堂，为解决区域教育均衡中面临的教学水平的差异问题起到重要的支撑作用。

语用教学的课题研究是笔者在2012年独立承担的天津市教育学会"十二五"课题《小学语文课堂练习设计实效性研究》的成果上进行的。课题组全体成员以课题为依托，通过不断探索和实证研究，使课堂练习的设计更有针对性、系统性和实效性。为课堂教学的优化寻找一条切实有效的途径，使课堂练习在课堂教学中发挥更大的作用。课题组总结了课堂教学中的有效练习，分学段提炼出与语言文字运用相关的设计90例，并结集成册即《小学语文课堂练习设计90例》。可以说此项研究成果为语用教学的研究奠定了基础。

2013年笔者参加了天津市中小学"未来教育家奠基工程"培训。学习期间，笔者基于对"学习语言文字运用"的认识、基于语文课程的基本理念、基于全国语文教学研究提出的观点，并遵循《课程标准》要求，确定了自己的研究方向为"小学语文语用教学的实践研究"。

同年组建语用教学课题组，吸纳前期课题组成员、区级骨干教师及实验学校参与课题研究。在前后近十年的研究中取得了相应研究成果。

二、语用教学理念学习

（一）学习《义务教育语文课程标准（2011年版）解读》

通过学习，加深了对"语言文字的运用"的理解。《解读》中指出："语言文字的运用，既包含生活、工作和学习中的实用性语言文字运用活动，也包含运用语言文字的文学活动。学生要学习的是,如何通过语言文字准确、熟练地从别人的语言材料中获取信息,如何运用语言文字恰当地表达自己的想法并进行交流沟通。"①这一说法,明确了语言文字的运用包含两层意思,即理解与表达。

《解读》中还指出:"文学是通过语言文字来表现的艺术,文学的阅读欣赏需要从语言文字中去体悟,文学的创作要通过语言文字来表现。在阅读中,只有通过对作品语言的细心体味,才能感悟到作品的表达意向、情感态度、审美旨趣和文化内涵。进行文学创作,则是要通过语言,准确、细致、恰当地表现我们的生存世界和想象世界,表达人的精神诉求。如果抛开语言文字因素来解读作品,分析作品人物和作者的内在精神世界,就会使文学的解读或创作失去依凭。文学离不开语言文字,同时文学阅读与欣赏也有利于丰富人的语言,增强对语言文字的敏感性,提高对语言文字的驾驭能力。"这段话清晰地表达了文学与语言文字的关系,强调了语文教学中语言的输入与输出。

(二)学习第九届全国阅读教学研讨会上的讲话

第九届全国阅读教学研讨会在桂林举行。在这次研讨会上,上海华东师范大学吴忠豪教授在评课时提到了两个转型。这两个转型的提出为语用教学研究指明了方向。他提到的第一个转型是"语文课从原来以围绕思想内容理解转变为学习语言文字的运用"。这更加确定了语用教学的研究价值。他提到的第二个转型是"语文课要从教师讲的课文课堂形态,转变为学生的语文实践的课堂教学常态。教师要解放思想,要跳出讲读的泥沼,一从教师讲读为主转变为以学生语文实践为主的教学形态。一个是从思想内容理解转变为语言文字实践。"这一主张成为我们进行课堂实践的标准。

(三)阅读相关书籍

从何自然,冉永平的《新编语用学概论》中了解了"语用学的基本概念"。其指出:"语用学是语言学的一个较新的领域,它研究在特定情景中的特定话

---

① 义务教育语文课程标准修订组. 义务教育语文课程标准(2011年版)解读)[S]. 北京:高等教育出版社,2013:17.

语,研究如何通过语境来理解和运用语言。"(《语用学概论》)这为语用教学的研究奠定了理论基础。王元华的《语用学视野下的语文教学》在理论上建构了基于语用学的语文教学理论,在实践中成功地实施了高中语用教学实践模式。刘仁增《我的语用教学观》《语用,开启语文教学的新门》对小学语文语用课堂的实施进行阐述。从孙绍振的《名作细读》,王先霈的《文学文本细读讲演录》中学习文本解读的知识。从薛法根的《文本分类教学》中明确了不同文体的文体特征及教学策略。

(四)挂职期间的全方位培训

2014年笔者随"天津市未来教育家奠基工程"赴上海进行挂职锻炼,期间对《课程标准》提出的"语言文字的运用"有了更深层的理解。可以说为确定"语用教学"的研究方向奠定了基础。期间,倾听了上海师范大学教育学院院长夏惠贤的专题讲座,在上海市静安区第一中心小学进行挂职,从不同方面给予笔者很大启发。

1.有效教学

夏院长的报告名为《变革课堂教学 构建活力课堂》,他从变革课堂教学的逻辑起点分析"新教师不会上课""老教师上课太陈旧"的原因。将伊·安·凯洛夫(N.A.Kaiipob)的教学思想进行分析,并介绍了在20世纪五六十年代中国盛行一时的"红领巾教学法"。他指出:变革课堂教学需要从杜威那里寻找新的生长点。杜威的"教育即生活""思维与思维五步法""经验与经验课程""做中学""设计(项目)教学法"等思想应该合理地运用到现今的课堂教学中来。夏院长对什么是课程作了精辟的解释:"促进学生成长的有意义的经历和经验就是课程。"而有意义的学习经历即是强调学习经验的累积,倡导体验式学习,注重儿童的成长,突出学生思维能力的培养。

从夏院长的讲座中最受益的还是他设计的"课堂观察核查表"。他从"组织能力""呈现方式""互动情况""内容知识及其他""总结性评价"五个方面设计观察表。他还指出课堂教学的"善问",他认为不要提对讨论有暗示性的问题(如"对不对""是不是"等),也不要提含糊的问题(如"有问题吗""好不好"等)。因为暗示性的问题能使学生简单地朝着教师提出的方向去思考,限制了学生自由思考的机会。因此在提问中,可以运用"为什么""你有什么看法""你会得出什么样的结论"等关键词。

2.突显语言运用

在上海市静安区第一中心小学挂职期间,给笔者印象最深刻的就是:语文课效率高,形式灵活,语用意识强。总结起来有如下特点:

特点一:课前复习环节扎实。简单的听写词语,照样子写词语,积累四字词语,帮助学生积累运用。重点字音要求学生注音,三年级仍不放松拼音教学。

特点二:学习任务单提高课堂效率。教师课上多次用到"学习任务单"。它成为教学重点的线索。简单地说一说,想一想,读一读将段的训练落到实处。

如教师在执教《一座铜像》第3自然段时,出示"这是一条( )的导火索。"由填空生发出学生读后的不同感受,进而体会当时情况的危急。可以说段的训练充分、恰当。

特点三:凸显运用,合理巧妙。三年级段的训练是重点,教师不只在引导学生体会关键词句上有方法,对于段落是如何写的,怎样仿写更处理得巧妙。

如《一座铜像》首段介绍铜像的样子,教师引导学生发现文章的写法:先整体再局部。进而出示上海"久光百货"旁的一尊塑像让学生进行仿写。学生即按照由整体到局部,局部又按照先长相后姿态的顺序依次仿说,效果非常好。

从一节课中笔者不仅看到教师精彩的教学,看到学生学习的成果,更看到上海前瞻的教育理念及对"语言文字运用"的深入理解。

(五)基地研修期间的专题辅导

2015年正值"天津市未来教育家奠基工程"基地研修时期,笔者有幸跟从基地导师——特级教师李卫东学习,期间得到李老师在语用教学方面的培训与辅导。特别是李老师的专题报告《语文教师如何提升文本解读能力》,为笔者的语用教学的研究指出了关键性的问题。

李老师在讲座中强调了在新课程背景下，领悟课程标准的程度、把握课程内容和教科书体系的水平和文本解读水平对语文教师教学设计的影响是至关重要的。其中，文本解读能力是语文教师的看家本领之一，它直接影响教师对教科书的解读，进而影响一堂课的教学设计，直至课堂教学的过程和效果。可以说，要上好一堂语文阅读课，文本解读的到位是前提。文本解读能力不只是阅读方面的事情，它还涉及认识事物的能力。所以文本解读能力的提高也不能仅在阅读活动中训练和提升。教师解读课文和日常生活中的阅读活动是不一样的。后者阅读理解内容、获取信息、了解思想、获得审美愉悦，有时也会对文法做些体会，从而更好地欣赏和玩味。语文教师的课文解读则是在此基础上要多一重任务。

1.课文解读的两个任务

第一个任务是认识课文对学生精神成长的价值。（主要指文学性作品）认识每一篇课文对学生的精神成长的价值，了解课文为学生的生命成长搭建一个怎样的探索精神世界的言语生活平台。第二个任务是认识课文对学生语文学习的价值。认识每一篇课文为学生提供了哪些可学习的语文知识，提供了什么样的言语技能训练的条件。

2.课文解读应避免的错误倾向

（1）肢解化解读。看不到文学阅读，只有作品分析。看不到整体感知，只有词语、句子、修辞。下课了，黑板上留下的是比喻、拟人、语言、动作、神态等。似乎作品没有灵魂，似乎作品没有文脉，似乎作品背后只是程序设计而没有脉搏的跳动。这种现象在改革开放初期至1997年之前是普遍存在的，课改后开始渐渐淡出课堂，最近随着"语言文字运用"理念的被片面理解后，又开始以新的面目出现在课堂，应引起警惕。

（2）标准化解读。阅读过程中，作品的原本意义世界是开放的，不确定的，阅读心理过程中的信息是内在的、多重的、模糊的。标准化试题直接影响了教师的课文解读，解读似乎是为教学确定标准答案，结果课堂上对一段话的理解直接被教师设计为选择题。这种影响从中学已经入侵到小学。今天的课文解读多种阅读理论综合影响的阅读分析过程。比如中国古代文论、对话理论、文本细读、阐释学以及当代文学发展等。

三、语用教学课例研究

随着语用教学理念的深入学习,有了"语用"这一标杆,在这一阶段里,笔者对课堂教学的观摩更多的是基于"语用"的视角,思考本节课教学目标的制定是否基于学生言语能力的发展。经过不断地观察、思考,笔者开始将"语用"的理念贯穿到自己的教学活动中,不断尝试。这个阶段语用教学的关注点更多地放在"理解语言内容——领悟表达方法"上。课堂上注重朗读指导,以读代讲。2011年,笔者在上海静安小学挂职学习,期间执教的《地震中的父与子》成为这一时期研究课的典型代表。如下为《地震中的父与子》课堂教学片段及点评:

……

师:在恐惧中,在无边的黑夜中,8小时过去了,父亲会是什么样子?

生:双眼布满血丝,衣服破烂不堪。

师:在饥饿中,在无助中,12小时过去了,父亲会面临……会面临……还会面临……在寒冷中,在漫长的黑夜中,一天一夜过去了,他不吃不喝;在生死未卜,不知何时才能看到儿子的焦急中36小时过去了,没人来帮助他,没人来阻挡他,更没人能理解他,这是怎样的一种孤独与苦闷呢? 谁能读出来。

生读句子"他满脸灰尘,双眼布满血丝,衣服破烂不堪,到处都是血迹。"师:读到这里,你的眼前浮现出一位怎样的父亲?

生:了不起的父亲。

生:伟大的父亲。

生:令人敬佩的父亲。

生:有责任感的父亲。

……

师：在这段话中，教师觉得时间的出现有些啰唆，教师想把它改成这样的句子："36小时过去了，没人再来阻挡他"，你认为呢？

生：我认为不好，因为时间的递进才能更加深刻感受到父亲挖掘的艰辛。

师：这位倔强的父亲左肩扛着肉体的伤痛，不顾自己的生死；右肩扛着精神的重压，不知孩子的死活。他苦苦挣扎着，是什么力量支撑着他？

生："无论发生什么，我总会和你在一起。"

师：这句话让父亲成了一座大山，伟岸坚强；父亲不停地挖这一感人的场面，正是这座大山最好的写照。文章正是通过时间的罗列及对父亲外貌的描写让我们感受到父亲的了不起。让我们带着对这位了不起的父亲的敬佩之情再来读读这一段。（板书：外貌）

……

在这个片段中，笔者引导学生从语言文字中感受父亲的"了不起"。教学中尊重学生的独特感受，指导学生带着自己的感受读文本，与文本对话。同时，通过引读，感受父亲挖掘的艰辛。引导想象一个工作日过去了、一天过去了、一天一夜过去了、一天半又过去了，父亲在挖掘中面临的艰辛、遇到的困难。最后引导学生在读中发现语言现象。即"他挖了8小时，12小时，24小时，36小时，没人再来阻挡他。他满脸灰尘，双眼布满血丝，衣服破烂不堪，到处都是血迹。"这一段描写了父亲在挖掘的过程中经历的时间，时间的描写是递进式的。8、12、24、36随着时间的递进感受到父亲挖掘的艰苦。另外对于父亲外貌的描写则烘托出父亲挖掘的状态，可以想象他的动作及无助时的可怜。对于这一段的学习分为了四部分：自读谈感受，引读感艰辛，接读想过程，比读悟写法。前三个部分是理解语言内容，第四部分是领悟表达方法。

四、语用教学反思评价

《画家与牧童》是笔者的课题研究课。这一时期的语用教学侧重"领悟表达方法—创设语用情景—模仿迁移创造"的研究。关注点侧重在"优化课堂练

习,提高教学实效"。此次活动充分展现了语用教学研究的阶段成果。如下为
人教版教科书二年级下册《画家和牧童》课堂教学实录:

教学目标:

复习巩固本课生字,会写"抹""挤""拱""批"4个字。学习积累"浓墨涂
抹""轻笔细描""纷纷夸赞""连连拱手"等词语;正确、流利、有感情地朗读课
文,读好人物的对话;联系上下文和生活实际了解"著名""纷纷夸赞""绝妙之
作""和蔼""惭愧""连连拱手"等词语的意思。学习画家和牧童的优秀品质。

教学重难点:

学写4个生字,联系上下文和生活实际了解"著名""纷纷夸赞""绝妙之
作""连连拱手"等词语的意思。

教学过程:

巩固旧知,学写新字。

师:这节课我们继续学习第21课:画家和牧童,看教师写课题。(提示"牧"
字牛字旁的写法)上节课我们初读了课文,认识了许多生字朋友,让我们先和他
们打个招呼吧。

生:(开火车读生字词。)

师:还有一些词,谁认识他们? 说一说你的发现。(纷纷夸赞、连连拱手、浓
墨涂抹、轻笔细描)

生:第一组的前两个字是一样的。

师:连连拱手是一个动作,我们来做这个动作。古人在对别人表示尊敬的
时候,都会两手相抱于胸前,做拱手的动作。

师:做一做。我们再来读读这个词语。

生:第二组是描写画法的词。

师:这两个词语是形容我国国画中绘画技巧的,代表了两种不同的画法。
看,这是戴嵩画的《斗牛图》,请一位同学上台来指一指哪部分运用了浓墨涂抹
的画法,哪部分运用了轻笔细描的画法?(生答)师评:借助图画了解词语的意

思,真棒!让我们再读读这个句子。

师:在刚才读的词语中有两个生字的部首相同,他们都是提手旁,他们是"抹""拱"课文里还有两个生字也是提手旁,它们是"挤"和"批"。你还学过哪些提手旁的字?(出示四个字)请你观察一下,我想知道你们用什么好办法记住它们?(形声字)你能把字形和它的意思联系在一起,真了不起!(观察总结写好这类字的方法)大家先来看"批"字,"批"字的右半部分的"比"字是我们学过的熟字,当它做"批"字的部件时有什么变化?(课件演示)

生:右边的比字左半部分竖提要短一些,右边的竖弯钩要稍稍长一些。

师:占格位置又有什么变化?

生:向右移,横、竖提在左半格压线,撇、竖弯钩在右半格。

师范写"批",生自己写"挤""抹"和"拱"。(提示写字姿势)看来我们写好一个字就能写好这一类字了。(展评并修改)

师:让我们再来读读这四个词语。(出示:纷纷夸赞、连连拱手、浓墨涂抹、轻笔细描)

师:你能按照课文叙述的顺序把这些词语重新排排队吗?你们借助词语就把课文的内容连接在一起了,你们真会学习!

课堂练习设计意图:

在词语教学中设计了复习词语、了解词语意思、观察比较书写生字、梳理课文内容四部分。在练习设计中重在教会学生方法,如借助图画了解词义,利用形声字记忆字形,积累四字词语,用给词语排序的方法梳理课文内容等。

细读课文,感悟"著名"。

师:这就是戴嵩画的《斗牛图》,他可是唐朝一位著名的画家。

师:让我们赶快读读课文吧!谁来为大家读读第一自然段。

师:你从哪儿看出他是个著名的画家?

生:他的画一挂出来,就有许多人观赏。看画的人没有不点头称赞的,有钱的人还争着花大价钱购买。

师：你也用一……就……说句话吧。（生练习，师评价）

师：还从哪儿看出他是著名的画家？

生：我从"观赏"这个词看出他的画好。如果不好就没有人观赏了。

师：你能从人们的动作中看出他的画好，真棒！那你再看看是只有一个人观赏吗？

生：是许多人。

师：这句话怎么读呢？谁来试试？（生读）他的画是挂了很长时间才有人观赏吗？

生：是一挂出来就有人观赏。

师：谁再来读读？（生读）还从哪儿看出他的画好？

生："称赞""没有不""争""花大价钱""购买"说明戴嵩画得特别好。

师：因为他的画好，他才被称为"著名"的画家。（板书：著名）你们能抓住重点词语体会句子的意思，这个方法多好啊！让我们合作读读第一自然段吧。

师：戴嵩的画好，没有人不称赞，就有一个人不称赞，这个人是谁？这是为什么呢？这节课我们要有感情地朗读课文，还要练习有条理地表达。

课堂练习设计意图：

通过读句子感受戴嵩的"著名"。在此过程中用"一……就……"练习说话。教给学生抓住关键词"著名"读懂语段的方法。

创设情境，指导朗读。

师：你们看文章第几段写了戴嵩画牛？谁为大家读读？

生读第二自然段。

师：你能找出描写戴嵩画牛的句子吗？生找后出示语句："他一会儿浓墨涂抹，一会儿轻笔细描，很快就画成了。"

师：你能用"一会儿……一会儿……"说句子吗？（师点评）

师：大画家在画牛之前先要干什么？

生：先想牛的样子。

师：哪句话写了他在想？

生：他沉思片刻，决定画一幅《斗牛图》。板书：沉思。

师：戴嵩真是画技高超，怪不得围观的人纷纷夸赞。他们都夸什么了？谁来读读？生答后出示：围观的人看了，纷纷夸赞。"画得太像了，画得太像了，这真是绝妙之作！"一位商人称赞道。"画活了，画活了，只有神笔才能画出这样的画！"一位教书先生赞扬道。

师：你们现在就是围观的商人，你们是教书先生，请你们也仔细观赏这幅画，夸夸哪里画得好。

生读句子。

师：加上动作夸一夸。

师：（点红夸赞、称赞和赞扬）同样是夸奖，看看文中用了哪些词语表示？可见，同是一个意思，也可以用不同的词语来表达。

（分角色读：女生读商人，男生读教书先生。师读叙述）

师：我们来读这两句话，你觉得哪一种说法更好。

"画得太像了，画得太像了，这真是绝妙之作！"一位商人称赞道。

"画得太像了，这真是绝妙之作！"一位商人称赞道。

生：第一种好，用了两个"画得太像了"，说明画得特别好，真的很像。

师：除了商人和教书先生，还有谁夸奖这幅画？你们来扮演他们夸一夸。也要用上这样的句式。

生：画得太棒了，画得太棒了，真是无与伦比！生：画绝了，画绝了，只有神笔才能画出这样的画！

……

师：你也夸，我也夸，大家都在夸，这就是纷纷夸赞。

师播放画外音"画错啦，画错啦！"

师：这是谁的声音？他是怎么说的？（板书：挤、喊）谁来读读？

生读牧童的话。

师：这声音如同（生接读：炸雷一样）大家一下子都（生接读：呆住了）大家一下子呆住了？为什么？

生：他说的话和大家想得不一样，所以大家呆住了。

师：此时，大家会想什么呢？

师：对！牧童不一样的意见像雷声一样突然，使人震惊。一起读这段话。怎样读牧童的话？

生读。我们看看小牧童说了几句话？板书：说（出示句子）先说……再说……然后说……最后说……

师扮演戴嵩接读："小兄弟，我很愿意听到你的批评，请你说说什么地方画错啦？"

生读牧童的话："这牛尾巴画错了。"

师：这牛尾巴怎么画错了？两牛相斗的时候一用力尾巴就会翘起来呀？

生："两牛相斗的时候……您没见过两牛相斗的情形吧？"

师：我确实没见过两牛相斗的情形，你又是怎么知道的？

生：我每天放牛，经常看到两牛相斗的情形，每次我都注意看，所以知道。

师：看来要画好《斗牛图》还要像你一样留心去看，有了生活才能画正确呀！惭愧惭愧，多谢你的指教。

师：多可爱的小牧童啊！从牧童说的话中你觉得他是个怎样的孩子？

生：天真可爱、爱观察、敢说话、了不起的孩子。

师：我扮演的戴嵩又是个怎样的人？

生：虚心的人。

师：从哪些地方看出来"虚心"的？

生："和蔼地说"看出戴嵩很谦虚。

师：你从他的表情看出他很谦虚。还有吗？

生：惭愧、拱手、指教等。

师：你还从他的心情、动作、语言中看出他很谦虚。 师：课文下边泡泡云里有两句话,请你读一读。泡泡云里的话也可以帮助我们更好地理解课文的内容。

课堂练习设计意图:

主要训练学生有感情地朗读课文,读出不同人物的语气。在读中会用"一会儿……一会儿……"说句子;知道表示同一个意思可以用不同的词语表达;会比较句子的不同表达效果,并学习用这种表达方式说话;生生间分角色读文,体会人物的品质。这部分的练习比较集中,它是课文的重点部分,涉及低年级应该培养的遣词造句的能力。

拓展查验,总结全文。

师:除了你们说的这些优点,小牧童说话还很有条理呢,教师这儿也有一幅画错了的画,你能不能学着小牧童的样子分三句话说一说?先说哪错了,再说应该是什么样,最后说我画的是什么样?(出示郎世宁画的环尾狐猴和真实的环尾狐猴,指导学生先观察不同点,再分三句话把意思说清楚。)

生:这环尾狐猴的尾巴画错了。环尾狐猴的尾巴上应该有10至12个圆圈,您画的环尾狐猴只有7个圆圈。您没见过真的环尾狐猴吧?

师:说的真好!你的表达也非常有条理。

师:这就是画家和牧童的故事,再读课题。戴嵩虚心接受了小牧童的指教,画出了一幅真实的《斗牛图》(出示)谁愿意把课文读给大家听。分角色读课文。

师:回家以后,把这个故事讲给你的爸爸妈妈和好朋友听,让他们也来和你分享这个有趣的故事。

课堂练习设计意图:

这部分的练习重在学习表达,也是《义务教育语文课程标准》强调的"运用"。学习小牧童的表达方式给画家的画挑毛病。重在体会句与句之间的关系,训练学生的表达的条理性,培养学生言语实践的能力。

教学反思:

纵观整节课的练习设计共有九处,涉及识字写字、词语、句子、读文,学习表达五部分内容。努力实践崔峦理事长提出的低年级应该做好的几件事：识好字，写好字，读好课文，了解少量词语的意思，帮助学生积累词句。同时，课堂实践体现了语用教学，凸显语文学科是一门学习语言文字运用的综合性、实践性学科。但因练习设计过多，致使教学重点不够突出。

例如在这节课上我先后设计四处句子练习，最能体现语用教学思想的是最后一段的句子训练。文中的小牧童除了勇于向大画家提出批评外，他还有一个优点就是说话有条理。怎样训练学生说话有条理的能力呢？课上出示郎世宁画的一幅名画，画面上的环尾狐猴比真实的狐猴尾巴短而且圈数少。"学着小牧童的话你也说说他哪画错了？"学生虽然兴趣浓厚，但是表达不顺畅，这正是让学生语言得到发展的好机会。如果再给学生一些时间，把问题交代得清楚一些，去掉一些干扰项，让学生尝试变序表达效果就更好了。

课后点评：

这节课体现了课堂练习策略的研究，体现了具体的操作，具有指导意义。二年级教学重点是词语、句子。这节课的识字写字教学很精彩，词语学习可圈可点，非常到位。三处句子的教学更加值得学习。第一处用"一会儿……一会儿……"造句，教师做了两次处理，第一处在词语学习时了解"浓墨涂抹""轻笔细描"的意思。第二处在课文的学习中练习说句子。从学词语到学习句式，体现了语文课依据教学内容进行设计的理念。第二处"画得太像了！画得太像了"引导学生在情境中迁移，仿说句子，体会其表达效果。第三处也是最精彩的一处，体现了"语用教学"的理念。仿照小牧童的话，有条理地说一说另外一幅画错的话。这是课堂言语实践的创生，通过材料的重组学习语言文字的运用。整节课作为研究课展现的训练点很多，如果在日常教学中可适当减少一些训练，让言语训练的时间更加宽裕些。（特级教师李卫东）

五、语用教学课堂评价

随着研究的深入，在实践过程中对语用教学的课堂评价进行了思考：语用教学的课堂应该呈现怎样的面貌,有哪些评价标准? 结合《课程标准》和全国阅读教学研讨会上的讲话精神及课题实验的阶段性成果,从构建与形成、维度与层次、发展与完善三个方面初步制定了语用教学评价标准。

(一)构建与形成

教学评价起源于西方,20世纪80年代中后期,我国开始对教育评价学进行研究。20世纪90年代以后,开始关注课堂教学评价。国内对课堂教学评价对象的研究大致可以分为四类:

第一类是以教师为中心。周谦(教学评价与统计,1997)认为,课堂教学评价是以教师的课堂教学为研究对象,依据一定方法和标准,对教和学的过程和效果做出客观的衡量和价值判断的过程。

第二类是以学生为中心。李秉德(教学论,1999)认为,教学评价就是通过各种测量,系统地收集数据,从而对学生通过教学发生的行为变化予以确定。教学评价的对象是学生的学习过程及其结果,评价者主要是教师。

第三类是综合教师的教与学生的学。刘志军(课堂评价论,2002)提出,课堂教学评价是对课堂教学这一价值事实进行评价,课堂评价中的价值事实就是参与课堂教学的教师与学生所从事的一节课的教学活动满足价值主体需要的程度及状况。

第四类是教学过程本身和教学效果。钟启泉〔基础教育课程改革纲要(试行)解读,2001〕提出,课堂教学评价是以课堂教学作为研究对象,采用一定的方法和标准,对教与学的过程及效果做出科学地衡量的价值评判的过程。

综合以上评价对象,可以看出评价对象的发展变化,从聚焦教师的课堂教学行为到以学生为评价中心,再到后来综合教师教学行为和学生学习效果。基于此,在制定"语用教学评价标准"时,笔者将评价的对象定位在教师教学行为和学生学习效果的综合评价上。

(二)维度与层次

评价量表在西方较早兴起。流传最广的是米斯(Meetj,L.R.)的评价量表对教师授课质量的评价指标。米斯把对教师授课质量的评价区分为媒介指标和终极指标,媒介指标是对教师授课过程的评价,而终极指标是对授课效果的评价。

我国评价量表最早出现于医学领域,在教育教学领域的研究集中于2010年之后,张鸿苓在《语文教育学》中强调对语文课堂教学质量进行评价,确定教学目的、教学内容、教学方法、师生活动及教学效果五个指标,各指标的权重分配为0.1、0.25、0.2、0.2、0.25。华东师范大学崔允漷等人开发的课堂观察LICC范式评价量表的四个观察要素分别是学生学习、教师教学、课程性质和课堂文化。

根据对以上评价量表的分析,笔者发现课堂评价量表具有以下三个特点。第一,量化与质性相结合。评价量表以文字描述为主,同时,也会对每个标准赋予不同的分值或是等级。第二,兼具目的性和选择性。围绕明确的评价对象进行有目的地评价。第三,可操作性强。作为观测课堂教学效果的工具,量表中的观察项目能够直接在表上进行判断,易于操作。

基于以上理论基础和实践操作内容,我们对语用教学评价量表进行了四个维度的划分,力求体现科学性、过程性、实践性、创新性。初步制定了以下内容:

表1 语用教学评价量表

项　目	评测标准
科学性	1.教学目标设定体现学科核心素养，表述明确、具体，可操作。
	2.学情分析准确，把握学生学习起点，切合实际。
	3.教学重难点把握准确，突出重点，突破难点有具体操作方法。
过程性	1.教学流程清晰，注重学习策略培养，发挥学生的主体性。
	2.精讲多练，合理分配课堂时间，有效落实课时目标。
	3.教学过程体现"感受语言—领悟表达—创新实践"。
实践性	1.教学设计注重品味语言，学习写法，有较为突出的语用设计。
	2.学生主体地位突出，课上有较为充足的练笔时间。
	3.面向全体，多元互动，促进课堂动态生成。
创新性	1.教学设计形式新颖，能够基于教材，超越教材。
	2.教学特色鲜明，彰显教学个性。

（三）发展与完善

随着研究的不断深入，笔者发现评价量表要体现反映课堂教学理念、规范课堂教学行为、提升课堂教学质量这三大价值。因而在发展和完善评价量表时，我们将制定专项考查量表，即评价对象不以整堂课的教学流程、教师、学生等为主，而是解构课堂组成要素，从其中选取需要重点考查的内容进行评价，包括教学目标、课堂过程、教学效果、课堂创新等专项内容，并根据内容进行了分值的划分。如下表所示：

表2　专项考查量表

一级指标	二级指标	评测标准	分值
教学目标	目标确定	1.教学目标设定体现学科核心素养,表述明确、具体,可操作。	10
	符合学情	2.学情分析准确,把握学生学习起点,切合实际。	10
	重难点突出	3.教学重难点把握准确,突出重点,突破难点有具体操作方法。	10
教学过程	学生活动	1.发挥学生的主体性,激发学生思维的提升与发展。	10
	过程安排	2.教学流程清晰,面向全体,精讲多练,合理分配课堂时间,有效落实课时目标。	10
	师生互动	3.课堂呈现多元互动,促进课堂动态生成。	10
	教师素质	4.教师语言规范,板书工整、美观,教态自然,表达清楚流畅。	10
教学效果	目标达成	1.教学设计注重品味语言,学习表达,有较为突出的语用设计。教学过程体现"感受语言—领悟表达—创新实践"。	10
	学生发展	2.学生主体地位突出,课上有较为充足的练笔时间,达到预期教学目标。	10
课堂创新	文本创新	1.教学设计形式新颖,能够基于文本,超越文本。	5
	能力创新	2.教学特色鲜明,彰显教学个性。	5

教学是一种专业性活动,需要受到专业的监督与评价,在实践过程中能够清晰地感受到制定一套行之有效的评价标准,令课堂教学评价有章可循、有据可依,这也是课堂教学评价量表的价值所在。

六、语用教学模型构建

2016年部编版小学语文一年级教科书全面推行,笔者结合部编教科书编写特点,开启了"单元读写一体化"的语用教学研究。培训期间,教材编者反复强调:"使用新教材,教学理念要跟着转变,要树立一个目标意识——我们要大胆地传授必要的语文知识,要加强语文能力的培养。这套教材是依据2011版课程标准而编写的,我们强调的就是学习语言文字的运用。"这更加坚定了笔者对语用教学持续研究的信心。期间,利用教研活动多次组织观摩与评课。其中《青蛙写诗》是比较有代表性的,围绕部编教科书单元训练重点对这节课进行了反思重构。

《青蛙写诗》是部编版小学语文一年级上册第七单元的一篇课文。本单元围绕"想象"这个主题编排了四篇课文。这些课文以儿童的视角,对自然界、生活中的一些现象进行了生动的描摹,充满了儿童情趣。《青蛙写诗》是一首轻快、活泼的儿童诗。作家用丰富又合理的想象,把池塘里的美丽景物"蝌蚪、水泡泡、水珠"拟人化,把它们生动准确地想象成逗号、句号和省略号,从而组合成一首生动有趣的小诗。

本单元的训练重点有两个,一是朗读基本功的训练,二是初步建立句子的概念。《青蛙写诗》中有小蝌蚪等多个角色说的话,教师要创设情境,引导学生读好角色说话的语气。感受诗歌的生动有趣。同时要借助具体事物认识逗号和句号。以下是课堂实录片段:

分角色朗读对话,感悟童趣。

师:通过上节课的学习,同学们知道小青蛙要作诗,谁来帮忙啦?(板书:小蝌蚪、水泡泡、一串水珠)

师:你能不能用屏幕上的提示把句子说完整?

"来帮忙的小伙伴有小蝌蚪、水泡泡和一串水珠。"

师:你从哪几小节知道的?

生:我从第二、三、四小节知道的。

师:自由读课文,想一想:它们都说了什么? 用横线画出来

(板书:小蝌蚪图片——逗号;水泡泡图片——句号;一串水珠——省略号)

师:为什么它们能当逗号,句号,省略号呢?

生:小蝌蚪有圆圆的脑袋和长长的尾巴,很像逗号。

生:水泡泡圆圆的,很像句号;我觉得它不但圆,还透明很漂亮!

生:水珠很整齐,很像省略号

师:可以说"一个水珠"吗?

生:不能。因为省略号一共有六个,说一个水珠是不行的。

师:说得对! 还能说一串什么?

生:一串灯笼

生:一串鞭炮

……

师:多有趣的诗歌呀! 想想我们身边的事物还有什么可以当逗号、省略号和句号?

生:圆圆的西瓜,当个小句号。

生:一串灯笼可以当省略号。

生:豆芽带个小尾巴,可以当个小逗号。

师:你们的想象真丰富呀! 快打开书,找到第五小节,把诗中的逗号、句号和省略号画出来。我们一起读一读小歌谣,帮助你更好地记住这三个标点朋友。(中间要停顿,圆点带个尖;一句话说完,画个小圆圈;意思说不完,六点紧相连。)

评析:这个片段突显了单元训练重点,达成了教学目标,即引导学生读好角色说话的语气,感受诗歌的生动有趣。借助具体事物认识逗号和句号。但从"语言文字运用"方面还缺少语用情境的创设及学生的言语实践活动。因此,进行了反思重建,在学生认识了三个标点后,创设了"读一读、猜一猜、写一写"的语用情境,进行了听说读写的训练。片段如下:

师:青蛙在大家的帮助下写成了一首诗。谁给我们读一读? " 呱呱,呱呱,呱呱呱。呱呱,呱呱,呱呱呱……"

师:咦,整首诗里就一个"呱"字,你能猜猜青蛙的诗里写了什么吗?

生:青蛙在写"下雨啦,下雨啦,雨点淅沥沥,沙啦啦。"

师：噢，你把课文里的句子用上了，真棒！青蛙还会写什么呢？

生：青蛙会写"下雨啦，下雨啦，水面上的泡泡真美啊……"

师：你也善于观察，把课文中的小泡泡写到诗里了。青蛙要是听到了一定会夸奖你的。青蛙还会写什么呢？

生：青蛙还可能会写荷叶上的小水珠。"下雨啦，下雨啦，荷叶上的水珠像项链。"

师：你还用上了打比方的句子，真好！把同学们猜想的诗句连接在一起，就成了一首诗。一首青蛙写的诗，也是你们的诗。你们想不想写一写呢？

师：把你猜想的诗句写下来，可以像课文一样写两句，也可以写三、四句，注意要用上课文里的标点符号。有兴趣的同学还可以给你的诗配上一幅插图。

生1：　下雨了，下雨了　　　　生2：　下雨了，下雨了，

　　　　蜻蜓飞得真低呀！　　　　　　　　风爷爷吹来了，乌云奶奶飘来了。

　　　　下雨了，下雨了，　　　　　　　　下雨了，下雨了，

　　　　蚂蚁搬到树上啦！　　　　　　　　雨滴宝宝落下来了，

　　　　小鱼游到水面上透气啦！　　　　　雨中的池塘真美呀！

　　　　哗啦啦……哗啦啦……　　　　　　哗啦啦，哗啦啦……

　　　2017年部编版小学语文二年级教科书全面推行。由于一年级和二年级的教材不设单元导语页，语文要素需要教师从教科书中挖掘与单元训练点相契合的语用设计。《一封信》就是其中的典型课例。它是部编教科书二年级上册第三单元的一篇课文。教师通过引导学生找出第二封信的内容，培养学生获取信息的能力。通过比较两封信的不同，使学生对事物产生自己的观点。最后通过语用实践"写回信"，提升了学生语言文字运用能力。实现了从"理解语言—领悟表达—创新实践"的语用教学基本模型的构建。部编教科书二年级上册《一封信》教学片段：

　　　朗读感悟，品味语言。

（一）学习第一封信

生自由读课文第二自然段至第三自然段,画出露西写的内容。师指名读句子。学生读句子时,教师出示第一封信内容（出示幻灯）"亲爱的爸爸,你不在,我们很不开心。""以前每天早上你一边刮胡子,一边逗我玩。""还有,家里的台灯坏了,我们修不好。""从早到晚,家里总是很冷清。"

师:读了这封信,你感觉到露西此刻的心情了吗?

生:我感到露西很不开心。

师投影出示:"很不开心"。

师:"很不开心"要怎样读呢?

生:"亲爱的爸爸,你不在,我们很不开心。"

师:从你悲伤的语气中我听出了你的不开心。

师:露西都有什么不开心的事呢?

生:"以前每天早上你一边刮胡子,一边逗我玩。""从早到晚,家里总是很冷清。"

师:是啊,没有了爸爸的陪伴,生活少了很多乐趣,家里也不再热闹。还有不开心的事吗?

生:"还有,家里的台灯坏了,我们修不好。"

师:爸爸不在家,生活中少了很多快乐,平添了很多困难,伤心难过的露西满腹的委屈想和爸爸倾诉。再来读读这封信吧!

生齐读第一封信。

师:试想露西的爸爸读了这样的信,会想些什么?

生:会很担心露西。

生:会很难过。

生:会不能安心工作了。

师:是啊,连露西自己也觉得写得不好。准备和妈妈重新写一封。不过生活真的会因为爸爸不在身边就变得不再美好,一片黑暗了吗? 我们一起看看露西写的第二封信。

（二）学习第二封信

师：自己读第七自然段至第十四自然段，边读边画出信的内容。仔细读，认真找，不要遗漏。

师出示下面的句子：亲爱的爸爸，我们过得挺好。 太阳闪闪发光，我们的希比希在阳光下又蹦又跳。请爸爸告诉我们，螺丝刀在哪儿，这样，我们就能自己修台灯了。下星期天我们要去看电影。爸爸，我们天天都想你。

生齐读。

师：感受到与第一封信的不同了吗？

生：开心了，说了很多快乐的事。

师：所以，露西在信的开始就告诉爸爸"过得挺好"。（板书：过得挺好。）

投影出示：亲爱的爸爸，我们过得挺好。

师：读出开心的感觉吧。

师：这一次露西努力发现生活中的美好，都有什么发现？

师随着生汇报相机出示："太阳闪闪发光，我们的希比希在阳光下又蹦又跳。"

师：你感受到什么？

生：阳光灿烂，小狗快乐地奔跑，我们的心情也变好了。

师：带着这种好心情再读读吧。还有快乐的事吗？

生："下星期天我们要去看电影。"

师：找到和第一封信不同的地方了吗？

投影出示："请爸爸告诉我们，螺丝刀在哪儿，这样，我们就能自己修台灯了。""还有，家里的台灯坏了，我们修不好。"

师：同样是台灯坏了，为什么处理问题的方式不同了呢？

生：露西不想让爸爸担心。

生：自己也能修好，没有那么难。

生：露西变得乐观了。

师：对呀，当你用乐观的心态来看很多问题时，困难也是可以想出办法解决的。

师：这一次露西是真的高兴了，他把自己的快乐分享给爸爸，带去对爸爸深深的思念。信的结尾她深情地写道："亲爱的爸爸，我们天天想你。"

师：让我们开心地读读第二封信吧！

（三）比较两封信，说说喜欢的理由

投影出示前后两封信，小组内再读读，讨论喜欢哪封信，说说理由。

生：我喜欢第二封信，因为读后让人感到心情很好。

生：第二封信不会让爸爸担心，为爸爸着想。所以我喜欢第二封信。

生：我也喜欢第二封信，看待问题从好的方面去想，积极乐观才好。

（四）迁移练习，试着写回信

师：同学们说得真好，相信露西的爸爸看见这封信也会很高兴。那么，爸爸会想什么呢？如果爸爸给露西写回信，你猜会写什么呢？

生：会写自己过得也挺好。

生：会告诉露西螺丝刀在哪里。

生：会说什么时候回来。

生：会叮嘱露西和妈妈按时吃饭。

……

师：你们想得真周到呀！那就请你代替露西的爸爸给露西写封回信吧！她一定会很高兴的。

七、语用教学区域推广

2018年统编版小学语文三年级教科书全面推行。"单元导语页""语文要素""交流平台""阅读策略""习作单元"等一系列编排为语用教学的研究注入了新的活力。在前期研究的基础上，结合教科书"单元主题读写一体化"的编排特点,笔者从单元教材解读和课例研讨两个方面,在区域进行实践研究。并将语用教学的研究成果在市级教研活动中做以展示。以统编教科书三年级上册第三单元为例:

(一)单元学习主题

人文主题:童话世界;语文要素:感受童话丰富的想象。试着自己编童话,写童话。

(二)单元课文内容

单元围绕主题编排了四篇课文,其中有两篇精读课文《去年的树》(后改为《卖火柴的小女孩》)《在牛肚子里旅行》和两篇略读课文《那一定会很好》《一块奶酪》。这四篇课文内容丰富,便于学生在读童话中感受其丰富的想象。习作《我来编童话》要求学生自己发挥想象编童话、写童话。这个习作内容与本单元课文联系紧密,体现了阅读与习作之间的相辅相成。

(三)单元整体教学思路

这一单元的"导读"中明确提出要"感受童话丰富的想象;试着自己编童话,写童话"。根据语文要素的要求,这一单元的读与写,都要牢牢把握童话这一文体的特性:想象力、象征性、童趣,引导学生在读中感受、对比、领悟、梳理,在写中尝试、比较、化用、体验。四种不同类型的文本,可以让学生充分体会童话文体的特点,在激发其阅读兴趣的同时,使学生产生尝试创作童话的欲望,读写的迁移就成为学生学习的内在需要。"语文园地"中的"交流平台",是对童话阅读经验进行小结、梳理的平台,同时也是童话阅读延续、拓展、分享的平台,它能在单元文本阅读(课文)与课外阅读("快乐读书吧")之间起到过渡和联结的作用。

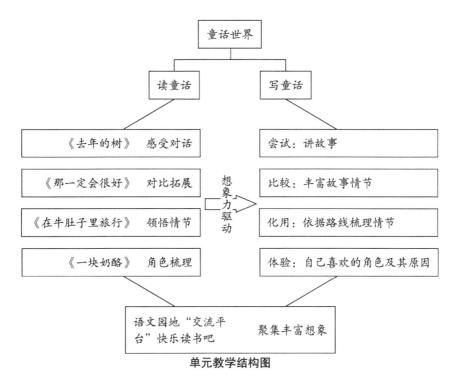

单元教学结构图

（四）单元教学目标

依据《课程标准》对本学段的学习要求及本单元语文要素,特制定单元教学目标如下：认识48个生字,读准7个多音字,会写26个字,会写34个词语；分角色朗读课文,能读出相应的语气；边读边想象,感受童话的奇妙,了解故事内容,练习讲童话故事；借助提示发挥想象,编写童话故事,尝试运用修改符号自主修改习作。

（五）每课主要教学环节概述

1.《去年的树》

（1）学生先自读课文,围绕"鸟儿为了寻找好朋友树,去了哪些地方,找了谁,结果如何"找出关键信息,梳理故事脉络,了解故事的主要内容。（2）聚焦四组对话,联系上下文展开想象,感受鸟儿的心情变化。重点从鸟儿的三次问话入手,读一读它是怎么说的,想象鸟儿当时的心情,并试着用一个词语来概括鸟儿的心情。（3）读第三次对话,体会鸟儿此时的心情是怎样的。聚焦鸟儿两次看灯火的句子。当它终于看到火柴点燃的灯火时,它在想什么? 它对着灯火唱完了歌又在想什么? (4)按照地点变化、人物出场的顺序讲故事。

2.《那一定会很好》

(1)"默读课文,想一想,从一粒种子到阳台的木地板,它经历了一段怎样的历程?"用画示意图的方式梳理种子经历的历程。(2)按照示意图圈画关键字"站、跑、坐、躺",再借助关键字把种子的变化历程说清楚。(3)围绕故事情节展开想象,想象主人公在每一段历程中的心理活动,尤其要想象他四次内心独白中反复说出"那一定会很好"时的心情。(4)想象:当他还是一棵树的时候,他还可能有什么愿望? 他是怎么想的? 后来他变成了什么? 继续运用线索图借助关键词,想象出树的变化经历。(5)比较与《去年的树》的异同,可以先整体的比较相同点,再从细节上比较不同点。

3.《在牛肚子里旅行》

(1)默读第七自然段至第十八自然段,圈出表现红头在牛肚子里位置变化的词句。(2)画出红头在牛肚子里旅行的路线图,梳理出牛反刍的科学知识。(3)按照路线图讲故事,理清故事的线索。(4)边读边想象故事的场景。在每个场景中青头怎么说的? 红头怎么做的? 读出青头和红头心情的变化。(5)从课文中找出三处语句来说明青头和红头是"非常要好的朋友"。

4.《一块奶酪》

(1)抓住故事的起因、经过、结果,梳理并填写表格,简要说一说课文讲了一件什么事。(2)思考:在搬运粮食的过程中,蚂蚁队长做了哪些事情? 再借助图表,说说蚂蚁队长在搬运奶酪过程中的心理变化。(3)加入蚂蚁队长心理变化过程,说清楚课文讲了一件什么事。(4)你喜欢文中的蚂蚁队长吗? 理由是什么?

5.《我来编童话》

(1)读词语,想画面。自主发现三组词语排列上的特点。这三组词语提示了编写童话的三要素,即人物、时间、地点。将这些词语自由交叉,形成多样组合。童话中可出现多个人物、时间、地点，也可以用不是提示中的词语编童话。（2）选词语，编童话。按照教科书的提示"故事里有哪些角色？事情发生在什么时间？是在哪里发生的？他们在那里做什么？他们之间发生了什么故事？"来编童话。在编童话前可以让学生回顾四篇课文内容，《去年的树》《那一定会很好》两篇课文都是写树的变化，想象的落脚点在事物的变化上；《在牛肚子里旅行》《一块奶酪》两篇课文注重写事件，想象的是人物，是事件的情节。可让学生仿照这两种形式编童话，并利用线索图理清故事的脉络。（3）加题目，写童话。在编好童话的基础上给童话加题目。可以根据角色拟题目，如《去年的树》；可以根据故事情节拟题目，如《在牛肚子里旅行》。鼓励学生大胆想象，可以把故事写得更有趣一些。（4）改童话，享成果。与语文园地中修改符号的学习相结合，让学生尝试用改正、增补、删除三种修改符号进行习作修改。改后学生在组内读童话，分享交流，评价时把握两个要素：大胆想象，语言通顺。评价的目的在于让学生收获成功的喜悦，增加编写童话的兴趣。

本单元"读童话、写童话"从读中体会童话故事丰富的想象，再运用想象写童话故事。可以说读有层次，练有迁移，充分体现了教科书"单元主题读写一体化"的编排理念。

笔者将以上内容以单元导读的方式在市级教研活动上做展示，后在天津市教研室专家的指导下，笔者主讲的《读童话　写童话》由教育部"部编教材深度宣传解读项目录用"；主讲的"小学语文三年级上册第三单元关键语言训练点分析"，由天津市小学语文"单元主题读写教学课例"网络课程资源录用。

笔者带领的教师团队展示了两节优秀课例，很好地展现了"单元读写一体化"的研究成果，摘录统编教科书三年级上册《那一定会很好》教学片段如下：

默读课文，体会交流，拓展练笔。

师：同学们观察课题上有个什么符号？这类课文我们应该怎么学？

引导学生关注课前导读，从导读中发现自读任务。

任务一：默读课文，想一想，从一粒种子到阳台上的木地板，它经过哪些变化?

学生将自学结果体现在学习单上。(可写可画)

学生汇报,教师指导学生结合图文把变化历程说清楚。

它为什么总要改变自己呢? 让我们从它的心中所想去寻找答案吧。(找出每次变化之前它是怎么想的)抓住句中关键词体会树不断变化的幸福与快乐,并练习有感情地朗读。(站起来、会跑、坐下、躺下)结合关键词具体说说树的变化历程。展开想象写一段话:当他还是一棵树的时候,他还可能变成什么?

提示:变化之前他是怎么想的? 发生了什么变化?

学生练笔,教师巡视指导。学生汇报,生生评价。

教师总结,凭着同学们的丰富想象,一篇小小的童话故事就这样创作出来了,希望同学们都能喜爱童话,畅游于想象的海洋中。

评析:这个片段突显了单元训练重点,体现了"单元主题读写一体化"的设计思路。设计体现三个层次:

第一个层次是在学习单上画出树的变化历程,指导学生把变化说清楚。由想到画再到说,体现学生思考的过程,思维的发展。

第二层次是抓关键词体会树变化的原因,结合关键词说树的变化历程。这一层是回归到教科书进行语言训练,抓住站、跑、坐、躺几个动词,将变化历程说准确。

第三层体现了由读到写,将想象这一语文要素贯穿整个单元,不仅还原了课文情境,而且为完成单元习作做了铺垫。

统编教科书三年级上册《我来编童话》教学片段:

交流互动,构思童话,生生互评。

师:读了这些提示之后,你又有了哪些新的想法? 啄木鸟,玫瑰花还有国王,你想邀请谁走进你的童话故事里呢? 他们之间会有什么样的事情发生呢?

生:啄木鸟可能会和玫瑰花比美。

生:国王可能会在花园里种植玫瑰花。

……

师:你们的想象真丰富! 如果给你编的童话起名字,你会起什么呢?

生:爱种花的国王。

生:啄木鸟与玫瑰花。

生:奇妙的森林超市。

……

师:听了你们的题目,我发现可以根据故事中的主要情节起题目,可以根据故事中的角色起题目,还可以根据故事发生的时间、地点起题目。你们可真聪明!

师:请同学们在小组里讲故事,并推选出代表发言,讨论时间4分钟。

教师巡视、倾听、点拨。生读自己编的童话故事,学生之间评论,补充。

生:这个童话故事很有趣,把啄木鸟当作人来写了,他会说话,还会唱歌。

生:啄木鸟和玫瑰花比美真有意思。

生:美丽的公主出现了,这个故事更有意思了。

……

师:同学们编的童话故事想象丰富,把动物、植物赋予了人的性格特征。语句很通顺,想象也很合理。下面就开始编写属于自己的童话故事吧,努力把句子写通顺。

评析:儿童作文是孩子个性的凸显。在这节课中,教师让学生尽可能多地自由表达,想说什么就说什么,想怎么说就怎么说,给学生一个充分展现个性的平台。让学生有充分的时间、空间进行说和写的实践活动,让不同层次的学生都能得到发展。围绕本单元写作目标,紧紧围绕"展开丰富的想象,把话说得通顺"这两个目标,鼓励学生大胆创编,注意引导学生评议:故事是否想象丰富、是否把话说通顺,使学生学有所获。

八、语用教学课式拓展

阅读教学是文本、教师和学生相互作用的对话过程。这个对话包括教师与文本之间的对话、学生与文本之间的对话，教师与学生之间的对话，学生与学生之间的对话。这多重的对话便是通过语言文字实现了信息的多重交流。根据以上研究成果，我们将"语用"的内涵定义不仅仅局限于操作层面的听、说、读、写，还囊括了实施层面的语文知识、语文能力、语文思维、语文感悟。可以说，语用教学的终极目标就是在教学中不断提升学生的语文素养。

在实践过程中，我们始终坚持在阅读教学中，以培养语用能力为目标，在对文本语言进行精准把握的基础上，确定教学内容，创设情境，引导学生理解语言、领悟表达、创新实践，促进教师与文本、学生与文本、师生间以及生生间的多重对话。同时进行语用教学课式的拓展研究。

2019年"单元整体教学研究成果"在区域层面进行展示。其中，以《伯牙鼓琴》为"情景创设体验课"的语用教学课式在全区推广展示。以下是《伯牙鼓琴》一课的教学设计：

教学目标：

能正确、流利地朗读课文，背诵《伯牙鼓琴》。能借助注释读懂课文内容，体会文章的思想感情，并结合"资料袋"领悟"知音"的含义。能借助文字想象画面，感受音乐的美。

教学重难点：

教学重点：能借助注释读懂课文内容，想象画面感受音乐的美。

教学难点：理解课文的思想感情，结合"资料袋"领悟"知音"的含义。

教学过程：

谈话导入。出示"高山流水"这四个字，学生自由地展开联想，引出课题。说一说课文的题目，再说一说这篇文章的主要人物有哪些？

设计意图：

借由"高山流水"四个字让学生展开想象和联想，引出高山流水遇知音的故事，让学生感受这个故事已经深入到我们的生活。体现了"情境创设体验课"的课型特点。

整体读文，疏通文义。学生根据书上的注音和注释，自由练读课文两遍。第一遍读时重点关注字的读音，第二遍读时注意需要停顿的地方。小组内互相听读，讨论并修正错误的读音及不恰当的停顿，把有疑问的地方圈出来。师生首先交流容易读错的字音，重点关注"少选、汤汤、世无足复为鼓琴者"三处多音字的读音，以及"破琴绝弦"这个容易读错的词。之后，交流需要停顿的地方。停顿举例：伯牙／鼓琴，钟子期／听之。方鼓琴／而／志在太山，钟子期／曰："善哉乎／鼓琴，巍巍乎／若太山。"少选／之间，而志在流水，钟子期／又曰："善哉乎／鼓琴，汤汤乎／若流水。"钟子期／死，伯牙／破琴绝弦，终身／不复鼓琴，以为／世无足复为鼓琴者。指名读，纠正读音和停顿，教师范读。同桌互相帮助，练读课文，进一步读准字音，读好停顿。指名说一说课文的意思。

设计意图：

通过自主学习，小组合作探究的方式学习文言文的读音、停顿和文章意思，体现了学生在学习中的主体地位。

细读探究，展开想象。学生从文中找出表示时间的词语"方鼓琴、少选之间、钟子期死"，教师反复课文，引导学生发现文章包含"生""死"两个阶段。再读课文，展开想象，进入情境。伯牙鼓琴，钟子期听之。方鼓琴而志在太山，钟子期曰："善哉乎鼓琴，巍巍乎若太山。"少选之间，而志在流水，钟子期又曰："善哉乎鼓琴，汤汤乎若流水。"朗读这几个句子，说一说，你从"善哉乎鼓琴，巍巍乎若太山。""善哉乎鼓琴，汤汤乎若流水。"这两个句子中体会到了什么？听音乐，感受乐曲中的"高山流水"，体会钟子期对音乐超出常人的理解能力。想象伯牙听到这两句话的心情。再读这一组句子，读出感情。钟子期死，伯牙破琴绝弦，终身不复鼓琴，以为世无足复为鼓琴者。这句话是什么意思，你能想象当时的情境吗？对这件事，千百年来的中国人是怎么看的，结合资料袋，谈一谈你的感受。再读这句话，读出感情。

设计意图：

听音乐，感受"高山流水"的韵味，想象课文的情境，体会人物的情感，进而结合资料袋感受"知音"的含义。

熟读成诵。指名再读课文，读出感情。教师给出提示："伯牙鼓琴，钟子期听之。方鼓琴……少选之间……钟子期死……"学生练习背诵。

背诵课文，当堂反馈。

设计意图：

落实背诵课文的教学目标，在背诵中进一步体会文章的情感，以及体会文言文的韵味。

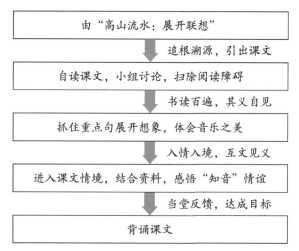

《伯牙鼓琴》教学设计结构示意图

课后点评：

本次活动让我们经历了一场传统文化之旅。从"赏美、议美"到"绘美、育美"，沿途皆是风景，令人过目难忘。赏美，教师带领学生从文言文中欣赏古诗词的意蕴美，在京剧趣谈和书法鉴赏中讨论中国传统文化之美。在讨论、评议中产生思维的火花，促进了学生思维的发展。课堂上学生用自己的朗诵、习作描绘美,展现美。整个单元"借助语言文字展开想象",学生在古诗词、音乐、京剧、书法中受到美的熏陶,美的教育。

文言文的教学体现了"创设情境—进入情境—体验情境—领悟表达"的教学思路。我们说,教学是师生共同生活的风景,教研让这种风景清晰和靓丽,科研是使靓丽的生活充满神奇,而教师就是创造神奇的人。今天的展示活动是在"语用教学实践研究"这个课题的引领过程中实施的,突显了课型特点和策略研究,效果非常好,值得推广和借鉴。(特级教师付强)

九、语用教学模式形成

2019年统编教科书四年级至六年级全面推广使用,从2017年至2019年,三年来笔者对统编教科书进行了深入解读,并指导多位教师参加全国教学大赛并获奖。其中《俗世奇人》一课获全国小学青年教师语文教学观摩活动中二等奖;《昆虫备忘录》一课获得全国首届统编教科书优质课大赛优秀奖提名。两节课均体现了语用教学思想。前者体现了整本书阅读的策略,后者充分体现了语用教学的模式,即理解语言内容—领悟表达特点—创设语用情景—模仿迁移创造。

《昆虫备忘录》一课有教学设计特点如下:

(一)以学定教,顺学而导,开展基于学情的语用教学

本单元从读、写两个方面提示了单元语文要素:一是试着一边读一边想象画面,体会优美生动的语句;二是试着把观察到的事物写清楚。三年级学生初步具备了正确、流利有感情地朗读课文的能力,具备想象画面理解句子的阅读方法。本单元提出的语文要素"试着一边读一边想象画面",是对二年级下册学习过的"读句子,想画面"的延续与提升;而"体会优美生动的语句"则是对三年级上册"关注有新鲜感的词语和句子""感受课文生动的语言"的提升。学生具备了一定的学习基础,但对作者如何将事物的特点写清楚关注不够,因而在写作中仍然会感到困难。教师在教学中基于学生已有的阅读水平和思维表达特

点,引导学生品味语言,领悟表达,习得方法。

（二）合作探究,拓展思维,培养理解层面语用能力

自主、合作、探究是这堂课贯穿始终的教学理念。激发学生的学习自主性,利用阅读期待、交流碰撞空间,提升表达能力。充分体现了小学语文语用教学在说和读两个方面培养学生理解层面语用能力的特点。教师将本课的教学重点确定为初步了解备忘录,能说出自己对课文最感兴趣的内容,有制作昆虫备忘录的兴趣。把体会课文优美生动的语句,能尝试着把自己观察到的事物写清楚作为本课的教学难点。课堂上教师在指导学生反复朗读体会的基础上,采用小组合作学习、小组汇报交流、做游戏的学习方式展开教学,帮助学生在体会文章语句生动有趣的同时,学习课文表达方法,体验语文学习的乐趣。如"默读课文,说说你最感兴趣的内容",主要教学环节如下:

默读课文,交流感受。

按照学习提示默读课文。学习提示:默读课文,用"——"画出你最感兴趣的部分。和小伙伴说说你最感兴趣的内容。组内交流,生生启发。小组汇报,适时补充。

小组内商量,确定汇报的昆虫和发言的人员。汇报时注意说出自己感兴趣的原因。如果几个小组汇报的昆虫相同,可以互相补充。

设计意图:

"自主、合作、探究"是这堂课贯穿始终的教学理念。激发学生的学习自主性,利用阅读期待、交流碰撞拓展思维空间,提升表达能力。

教师在学生汇报交流的基础上相机指导、点拨关键。

预设指导点一:复眼。

生:凡是有复眼的昆虫,视觉都很灵敏。你走近蜻蜓和苍蝇,还有一段距离,它们就发现了,蹭——飞了。

师:我们感受到了复眼"灵敏"的特点。

生:我曾经想过:如果人长了一对复眼……还是不要! 那成什么样子!

师：加入自己的想象，这样读起来就很有趣。

预设指导点二：花大姐。

生：北京人把瓢虫叫作"花大姐"，好名字！

师：这个名字真有趣。

句：瓢虫款款地落下来了，折好它的黑绸衬裙——膜翅，顺顺溜溜；收拢硬翅，严丝合缝。

师：细致的动作描写让小瓢虫仿佛飞到了我们面前，让我们带着感受再读语句。

设计意图：

《义务教育语文课程标准》(2011年版)提出"教师应加强对学生阅读的指导、引领和点拨，但不应以教师的分析来代替学生的阅读实践"，引导学生反复朗读中想象画面，体会美感，积累语言，提升思维。

生：瓢虫，朱红的、瓷漆似的硬翅，上有小圆点，特别漂亮。圆点是有定数的，不能瞎点。小圆点，叫作"星"，有七星瓢虫、十四星瓢虫……星点不同。

师：这里抓住了瓢虫独特的外形特征。

生：有的瓢虫吃蚜虫，是益虫；有的瓢虫吃马铃薯嫩叶，是害虫。我说，吃马铃薯嫩叶的瓢虫，你们就不能改改口味，也吃蚜虫吗？

师：这种问句的表达形式，像是和小瓢虫在聊天畅谈，让文字非常有趣。

预设指导点三：独角仙。

句子7：独角仙，在甲虫里可能算是最大的，从头到脚，约有两寸。它的甲壳多为深色，挺硬的，头部尖端有一只犀牛一样的角。这家伙，是昆虫里的霸王。

点拨：样子独特，让人印象深刻。指导朗读"霸王"，感受独角仙的外形威武霸气。

句子8：独角仙的力气很大。北京隆福寺过去有独角仙卖。据说给它套上一辆泥制的小车，它拉着就走。

点拨：抓住独角仙最主要的特点来写，在朗读中体会"拉着就走"感受独角仙力气大的特点。

预设指导点四：蚂蚱。

句子9：蚂蚱飞起来会咯咯作响,不知道它是怎么弄出这种声音的。

点拨：作者在这里抓住了蚂蚱飞行时突出的特点,写得生动形象。

句子10：还有一种"土蚂蚱",身体粗短,方头,色黑如泥土,翅上有黑斑。这种蚂蚱,抓住它,它就吐出一泡褐色的口水,顶讨厌。

点拨：抓住了土蚂蚱独特的外形特点,也写了他的自我防御机制。"顶讨厌"这一口语化的表达让人印象深刻。

设计意图：

以教科书文本语言为范本,感悟表达特点,从读学写,从交流中学表达,在学生自主建构的基础上,迁移运用,习得语言。

（三）从读学写,迁移运用,开展习得语言的语用教学

"快乐猜猜猜"环节,让学生用一两句话描述一种昆虫,在描述过程中不出现昆虫的名字。猜的同学不仅要说出猜的结果,还要说说你是根据什么猜出来的。这种设计寓教于乐,在游戏的过程中让学生明确猜的结果并不是最重要的,进行汇报的小作者如何把昆虫的特点"说清楚"才是游戏的关键。通过这样的言语实践,学生不仅学会了用一两句话描述昆虫的特点,且为单元习作做了铺垫,体现了学以致用。

游戏名称：快乐猜猜猜。游戏规则：用一两句话描述一种昆虫,在描述过程中不出现昆虫的名字。猜的同学不仅要说出猜的结果,还要说说你是根据什么猜出来的。学生完成猜猜卡的书写后,上前汇报。汇报的同学追问猜的同学是根据什么猜出来的。

设计意图：

寓教于乐,创设语用情境,在游戏的过程中让学生明确猜的结果并不是最重要的,进行汇报的小作者如何把昆虫的特点"说清楚"才是游戏的关键。

推介阅读,迁移运用。推介阅读：法布尔《昆虫记》。可以将自己感兴趣的

内容用备忘录的形式记录下来。

设计意图：

推荐阅读书籍，产生新的阅读期待。从课内延伸到课外，引导学生不断实践，学以致用。

板书小结，布置作业。教师与学生共同回顾本课所学的主要内容，板书小结。

布置作业：尝试用自己喜欢的方式制作一份《昆虫备忘录》。

设计意图：

激发学生养成细致观察，勤于记录的习惯，为本单元习作做好铺垫和准备。

第三节 语用教学模式总结

笔者在语用教学基本实施体系的建立基础之上，结合二十多年来从事小学语文阅读教学的经验，构建出以"语用"为核心的适合不同学段的阅读教学课型，进一步印证语用教学体系构建的科学性和可操作性。实践中的课型主要有：朗读感悟交流课、情境创设体验课、问题发现探究课、阅读策略运用课。课型虽不同，但教学模式是相通的。笔者在不断研究、实践的过程中总结出了一套体现自身特点的常规课堂教学结构，那就是"理解语言内容—领悟表达特点—创设语用情境—模仿迁移创造"的语用教学模式。

一、语用教学模式教学要素理解

语言文字的学习，出发点在"知"，而终点在"行"。"知"指的就是学生的认知水平,"行"就是语用。语用教学就是在创设的语用情境中,教师采用一定的策略和方法,帮助学生通过学习能够感受语言,领悟表达,进行语言实践,促使认知水平发生变化。我们对语用教学模式教学要素做以下解读。

(一)理解语言内容

初读感知,了解大意。阅读教学要经历两个阶段。第一阶段,从语言文字入手,理解内容、体会情感;第二阶段领会作者是如何用语言文字来阐述内容,表达情感的,通过这个过程学习语言。两个阶段的出发点是语言,落脚点也是语言,这也是所谓的"言意兼得"。理解是运用的基础,没有理解的运用是"无源之水无本之木"。学生读一篇文章,首先感知的是语言文字,由字到词,由词到句,由段到篇,才能逐步理解文章,把握文章大意,进而体会文章表达的思想感情。

(二)领悟表达特点

细读品味,聚焦形式。揣摩语言,领悟表达。从内容看,语文学科不像其他学科,学习内容包含在课文内容中,理解了课文内容也就基本掌握了学科知识。语文课文包罗万象,但很少有直接传授语文知识及语言运用形式的内容,学课文不等于一定掌握了语言运用形式。由此看,语文学习并不过多侧重在内容上,而是透过内容学习语言表达。建立在语言形式上的初读感受,能让学生更加深刻地理解和把握语言作品的内容与意义。

教学中可通过听范读、默读、概括、复述等方式整体感知文章大意,感知语言材料的特点,发现其表达的形式,强化学生对语言表达特点和规律的学习。教科书的选文极具示范性,从低年级遣词造句到中年级的段落结构,再到高年级的布局谋篇;从题材上看,散文、小说、记叙文、说明文……语言表达各异。教学中要通过对重点语句的反复朗读、揣摩,深刻领会语言表达的节奏、韵味、情趣、规律及丰富的意蕴。这是学生语感形成的过程,是从课文语境中的语言学习向生活中的语境迁移过渡不可缺少的步骤,学生也只有在大量的语言材料的品读和感悟中才能形成语感。

（三）创设语用情境

创设情境，多重对话。学者何自然在《新编语用学概论》中指出："语用学是语言学的一个较新的领域，它研究在特定情景中的特定话语，研究如何通过语境来理解和运用语言。"因此，在教学中创设语用情境非常重要。阅读教学是文本、教师、学生三者相互作用的对话过程。这里的对话包括教师与文本、学生与文本、教师与学生的对话。多重对话构成了阅读教学的情境。教师可创设与阅读主题相关的问题情境、动画情境、图画情境、故事情境、朗诵情境、对话情境等。在多重情境中进行语言文字运用的实践。语用教学就是作为主导的教师和作为主体的学生在教师创设的各种情境中所形成的交际意义和效果。

（四）模仿迁移创造

把握规律，内化语言。特级教师李卫东在其《小学语文感悟式教学》一书中指出："就模仿、迁移、创造三者的关系看，迁移是比模仿高一级的层次，但从基础水平来说，又以模仿为条件，从模仿向创造过渡时，迁移成为一个中介环节。它运用的各种知识技能间的共同要素，是联系三者的链环。"[①]小学生对语言表达的模仿借鉴强于独立创造，只有在语言模仿过程中，才能促进语言的内化，促使语感的形成。教学中，教师要借助文本的语言范例，精心策划和设计语言形式的模仿，实现语言迁移。学生在语言积累、内化和使用中，逐渐把握语言运用的规律，领悟到表达的"法则""窍门"。随之将其迁移到新的阅读和写作中，这就体现出"创造性"。在模仿中迁移，在迁移中创造，进而形成独立阅读、独立习作的终极目的。

二、语用教学模式下的课堂实施

在"理解语言内容—领悟表达特点—创设语用情境—模仿迁移创造"的语用教学模式下的阅读教学是师生在共创的情境中，教师的认知和学生的认知进行碰撞的过程。教师基于文本解读、确立教学目标、确定教学内容、选择教学

---

① 李卫东. 小学语文感悟式教学. [M]. 天津：天津教育出版社，2002：215.

方法等基础上形成教师的教学认知,学生在多种阅读形式的体验中,对文本进行感知、理解、鉴赏、迁移运用,形成学生的认知。教师的教学认知和学生的原有认知是以语言表达的形式在情境中表现出来。这个过程也是语用的过程。学生在学习的过程中,其认知水平的变化是隐含的,教师的教学活动策略运用是外显的。

(一)导入环节:创设语境,激发内在动机

建构主义认为:知识是学生主动参与建构而来的,是人和情境之间经过对等的、非因果的互动关系,不断进行意义建构的过程。知识的有效习得,依赖情境化的创设。情境创设的方式和方法是多样的。如创设和阅读主题相关的问题情境、音乐情境、动画情境、图画情境等,不论是哪种手段,都会促进学生与文本之间、教师与学生之间的对话,学生在情境中愉悦地接纳教师和文本的主题内容,激发潜在的学习动机。有了学习的内驱力,课堂的学习才更有主动性。

(二)教学环节:精选语用点,重构认知水平

董蓓菲在《语文心理学》一书中,将阅读心理过程分为四个层次:字面理解、揭示阅读、批判性阅读和创造性阅读。按照这个过程,我们可以将阅读过程分为四个阶段:感知、理解、表达和鉴赏评价,这四个阶段是由浅入深、逐步发展的。儿童在阅读文本时,对文本的感知、理解、表达以及鉴赏评价的过程都是内隐的,语用教学实施策略就是要将这种内隐外显化,只有外显出来,才能看到学生在阅读学习过程中认知结构的变化。教师在教学中要具有语文的眼光,落实对"语文是一门学习语言文字运用的综合性、实践性课程"这一认识,明确教学的"教点"与"学点",敏锐抓住文本中语用训练点,如概括、复述、补白、角色扮演、主题演讲、发现段落篇章特点等活动,有效地达成师生、生生间在情境中的有效对话,使教师对学生认知结构的重组、对学生感知、理解、表达、评价与鉴赏的能力变化有了洞察,便于教师在教学过程中及时调整教学内容、教学方法和教学节奏。

（三）总结环节：达成目标，实践迁移运用

心理学上的迁移是指一种学习对另一种学习的影响，阅读学习中的迁移是学生在学习中获得的对文本的感知、理解、表达、评价和鉴赏能力对后续阅读的影响。如掌握了概括、复述、补白、角色扮演、主题演讲、发现段落篇章特点等语用知识后，学生能够进行迁移运用，代表真正达成了教学目标。但是语言规律的习得不是一朝一夕、一两次的训练就能学以致用的，需要进行长期的影响，使其成为一种内在的自觉行为。教师在平时的教学中应树立语用意识，把握语用训练点，丰富训练形式，高效地落实"语用"目标。

第五章 语用教学的课堂设计

　　课堂是教学的主阵地,高效开展语用教学需得牢牢把握课堂这一核心环节。语用教学坚持以学生为中心,基于此,提出趣味性、活动性、层次性和开放性的课堂设计原则,激发学生的学习兴趣,以学生的发展为教学目标。如开篇所述,语文学科教学具有多样化的特点。因此,在课堂设计原则的统领下,本章对不同的课堂形式进行研究,将语文课分为朗读感悟、情境创设、问题发现和策略运用四类,并针对课式特点提出与之相适应的课堂设计模式。此外,本章根据不同课文文体特点也提出了相应的课堂设计模式,使教材与教学有机结合,让课堂焕发出生命的活力。

第一节　语用教学课堂设计的原则

《课程标准》指出："学生是语文学习的主人，教师是学习活动的组织者和引导者。语文教学应在师生平等对话的过程中进行。语文教学应激发学生的学习兴趣，培养学生自主学习的意识和习惯，引导学生掌握语文学习的方法，为学生创设有利于自主、合作、探究学习的环境。"① 为了更好地落实课程标准的要求，语用教学的课堂设计必须始终坚持以学生为本，让学生立于课堂的中央，根据学生的认知能力、接受能力、实际学情来设计教学过程，落实教学要求，从而真正激发学生的学习兴趣，提升学生的语文素养。因此，语用教学的课堂设计提出了趣味性、活动性、层次性、开放性的原则。

一、趣味性原则

孔子云："知之者，不如好之者，好之者，不如乐知者。"因此，教师在语用教学课堂设计时要充分考虑学生的兴趣爱好，从他们的年龄特点和生活经验出发，设计具有童趣性和亲近性的课堂设计，以生动有趣的形式取代机械呆板的设计，以符合教学目标的活动化设计代替形式上的问答与讨论，从而激发起学生的学习兴趣。

二、活动性原则

语文是一门实践性很强的学科，要充分利用学生已有的知识，灵活地给学

---

① 中华人民共和国教育部. 义务教育语文课程标准（2011 年版）[S]. 北京：北京师范大学出版社，2012：19.

生提供形式多样的语言实践机会。著名物理学家杨振宁教授曾说:"优秀的学生并不在于优秀的成绩,而在于优秀的思维方式。只有教会学生学习的方法,才会让学生真正成为学习的主人。"语用教学设计要让学生在"需求"中主动学习,主动地参加语言实践训练,在此过程中习得语言,直至彰显创造力。为此,语用课堂设计,教师要根据教学内容以及学生已有的学习经验,从不同角度设计一些以学生主动探究操作、思考与合作的探究性教学环节。

三、层次性原则

语用教学课堂首先要设计不同层次的教学目标,才能更好地兼顾各层次的学生,让每一个学生都能在课堂上"学有所得"。课堂教学目标、教学重点、难点的确定不仅要依据《课程标准》和教科书,还要依据学生的个体差异,准确、恰当地制定相同的和不同的教学目标。语用教学的课堂重心应落在"学生需要学什么""学生需要怎样学才好""教师怎样教才能使学生更好地学"这三个维度上,有层次地设计教学,让学生在课堂上会发现、会体验、会深入、会创造。

四、开放性原则

"生活处处皆语文。"信息化时代,社会对人才的要求已不只是掌握知识,更要具备创造能力、合作能力、搜集和整理信息能力等,以适应社会发展需要。在课堂教学中要使学生的思维具有开放性,语用课堂设计就要难度适宜,为学生思维进一步拓展创设平台,给予学生广阔的个性创造的空间。教师要关注、回应、丰富学生的需求和思维的发展。要关注回应学生在课堂上的表现,多问"你是怎么想的?"关注思维发展,思维的过程。还要提供学生之间分享交流的机会,这种交流最好是全班共同的分享交流。因为全班的共同的分享交流,可以看到学习的成效,看看学生学得怎么样,根据需求随时调整自己的教育预设。

第二节　语用教学的课式设计

一、朗读感悟交流课

（一）朗读感悟交流课的概念及内涵

《课程标准》对于"阅读"的阐述是："阅读是学生的个性化行为，阅读教学应引导学生钻研文本，在主动积极的思维和情感活动中，加深理解和体验，有所感悟和思考，受到情感熏陶，获得思想启迪，享受审美乐趣。要珍视学生独特的感受、体验和理解。"教学中，教师要引导学生运用语言文字表达自己的审美体验，这才是由"知识为本"上升为"核心素养为本"的关键，其最佳途径就是朗读感悟交流课。

朗读的目的是促发体验，朗读的形式是丰富多彩的，为了读而读成就不了学习者的深度体验，经常整齐划一的读也不能促发学习者的独特感受、个性体验。因此，朗读与感悟交流融合为一体，才能真正引导学生"体验文字之美"。特级教师于永正说："讲解是死的，朗读是活的。讲解使人知道，朗读使人感受。朗读是学好语文最重要的途径。"这位教育前辈揭示的真谛是用朗读激发学生的体验，这才是活读，而非死读。以朗读为载体，唤起学生去品味如何读为最好，引导学生进入课文的情境，激活学生的言语体验，启迪学生的言语智慧。

（二）朗读感悟交流课的课式设计及特点

朗读感悟交流课的课式设计主要包括以下四个步骤：初读感知—细读体悟—深读品味—交流感悟。其特点主要体现在三个方面：

1.边读边悟,读悟结合

朗读感悟交流课在设计朗读,促发感悟时,主要考虑如下问题:有价值的朗读内容,朗读的目的,朗读的方式,学生的言语体验,读后感悟。教学中,教师要引导学生选取感悟最深的内容,边读边悟,边交流。在此过程中,加深学生的言语体验。同时,聚焦语言文字的运用,在交流中产生思维的火花,在赏析中领悟文章的写法,感受语言的精妙。

2.朗读方式的多样性

朗读感悟交流课倡导的朗读方式可以是自由读、赏读、悟读、品读、角色读、引读、配乐读,还可以是"试读(生)—范读(师)—品读(生)";"试读(生)—议读(生、师)—赛读(生)—品读"。朗读形式的多样化、丰富化都是为了促进学生的言语体验,体验言语表达中蕴含的情、境、味,它是融"内化"与"表达"于一体的容器,于朗读中"启发"学生的言语行为,提升学生的言语发展,丰富学生的言语生活。

3.激发独特的感悟

感悟不同于理解,它是个体凭借语言及其语境直感,获得某种印象或意义的心理过程。因此,朗读感悟课的特点就是尊重学生的个性差异,结合朗读激发学生的独特感悟、在反复诵读中引导感悟、在重点研读中提升感悟、在质疑和讨论中强化感悟、在大胆的想象中丰富感悟。

(三)朗读感悟交流课例谈

1.《白鹭》教学设计构想

《白鹭》是依据语用教学的朗读感悟交流课设计的,基本体现了朗读交流感悟课的三个特点,即以读为主、读中感悟、由读到说。实现了由"阅读"到"表达",促进了学生言语能力的提升。

本文围绕"白鹭实在是一首诗,一首韵在骨子里的散文诗"这条主线,借白鹭赞美了普通事物中的平凡之美,借白鹭表达了自己的理想追求。教学中要始终抓住"感情"这一主线,紧紧围绕"作者感受到白鹭的美",引导学生从字里行间感受作者的喜爱之情,通过有感情地朗读、为画面起名字等方式将自己的体会和理解表达出来,体现学生课堂上由输入到输出的学习过程,将"阅读"与"表达"视为一个教学整体,启发学生在朗读中理解课文内容,促进言语能力的提升,积极进行言语实践。

(1)形式多样的"读"。指导学生正确地理解和运用语言文字是语文教学的根本目标,但是语言文字训练并不是孤立、机械的字词句的训练,而是融听、说、读、写、思于一体的综合性的语言实践活动。这堂课抓住"读"这一语言训练点,突显语用教学朗读感悟交流的课型特点。

在第一课时中,"自由读"扫清字词学习障碍,整体感知文本内容;"分自然段朗读"对第一课时学习内容进行复现,加深对文本内容的理解;"带着体会读"帮助学生感悟白鹭之美;"配乐读"引领学生入情入境,体会课文中的意境之美;"联系关键句朗读"引导学生掌握方法,充分体会作者写作的技巧。

整堂课上,学生对于"美"的赏析、感悟、理解都基于一次次形式多样的朗读,在读中品悟、在读中思考、在读中欣赏、在读中内化。通过自读自悟、小组合作赏读、男女生对读等方式,让学生边读边想象画面。此外,文质兼美的课文是学生积累语言的良好素材。学生在读中反复品味语言,熟读成诵,背诵自己喜欢的段落,既体会到了语言背后的情味,也积累了语言。学生对文本的理解体验都是在一次又一次的朗读实践中自主完成的。每一次的读都是获取知识、收获认知的过程,也是积极建构文本意义的过程。

(2)读中感悟。表达的前提是读懂,而读懂的过程,就是语感形成的过程,就是语言积累的过程,也是阅读力和表达力提升的过程。

《白鹭》的课后第二题"课文6—8段描绘了三幅优美的画面,展现了白鹭的不同姿态,你能为每幅画面起一个名字,并说一说你为什么这样起名字吗?"结合本单元"初步了解课文借助具体事物抒发感情"的语文要素,执教时,教学中始终抓住"感情"这一主线,紧紧围绕"作者感受到白鹭的美",引导学生从字里行间感受作者的喜爱之情。围绕这一课后习题,通过交流比较,学生能够尝试运用课文当中和以往积累的优美词句,加入自己的联想和想象,为图画起富有诗情画意的名字。这样的设计很好地落实了本单元的语文要素"初步了解课文借助具体事物抒发感情的方法",又让学生在学习作者优美语言的同时进行了积累和运用,为本单元的习作《我的心爱之物》打下了良好的基础。这样一来,从阅读文本到交流感受、表达实践就水到渠成了。

2.教学课例——《白鹭》第二课时教学设计

教学目标:

正确、流利、有感情地朗读课文,背诵课文。初步了解课文借助具体事物抒发感情的方法,为课文6—8段描绘的三幅优美图画起名字。体会作者审美的独特性,感受平凡事物中的美。

教学重难点:

初步了解课文借助具体事物抒发感情的方法,为课文6—8段描绘的三幅优美图画起名字。体会作者审美的独特性,感受平凡事物中的美。

教学过程:

环节一:体会诗情,以诗导入。

教师介绍:白鹭是一种栖息于低海拔的沼泽、稻田、湖泊或滩涂地的很常见的鸟类,在我国四川等地都能看到它那美丽的身影。古今中外,很多诗人都写下了赞美白鹭的诗句。你都搜集了哪些描写白鹭的诗句?(生自由汇报)

预设:

两个黄鹂鸣翠柳,一行白鹭上青天。——杜甫

西塞山前白鹭飞,桃花流水鳜鱼肥。——张志和

漠漠水田飞白鹭,阴阴夏木啭黄鹂。——王维

怪生白鹭飞无数,水落滩生易取鱼。——陆游

霜衣雪花青玉嘴,群捕鱼儿溪水中。——杜牧

何故水边双白鹭,无愁头上亦垂丝。——白居易

白鹭行时散飞去,又如雪点青山云。——李白

花开红树乱莺啼,草长平湖白鹭飞。——徐元杰

秋水寒白毛,夕阳吊孤影。——刘长卿

白鹭忽飞来,点破秧针绿。——杨慎

同学们积累的古诗可真不少！自己小声读读你们搜集到的这些诗句,你发现"诗"都具有什么共同点?（板书:如画、如歌）

没错,"诗"就是这样一种具有画面美和音韵美的文体,而郭沫若却用诗来比喻一种飞禽,这就是我们今天要学习的课文。齐读课文。（板书课题）

初读感知。

环节二:朗读课文,整体感知。

指名分自然段读课文,想一想:作者笔下的白鹭带给你怎样的感受? 你体会到作者怎样的情感?（板书:喜爱/赞美）

课文哪两句话直接抒发了作者对白鹭的赞美之情?

出示:"白鹭是一首精巧的诗。""白鹭实在是一首诗,一首韵在骨子里的散文诗。"

细读体悟。

环节三:精读课文,体会白鹭之美。

作者以首尾呼应的方式直接抒发了对白鹭的喜爱和赞美之情,作者为什么说"白鹭是一首精巧的诗"? 默读2—5段,看看作者是怎样具体描写白鹭的,边读边圈画相关的词句。

学生汇报,教师点拨。

预设1:色素的配合,身段的大小,一切都很适宜。（概括）

预设2:白鹤太大而嫌生硬,即使如粉红的朱鹭或灰色的苍鹭,也觉得大了一些,而且太不寻常了。（对比）

预设3:那雪白的蓑毛,那全身的流线型结构,那铁色的长喙,那青色的脚,增之一分则嫌长,减之一分则嫌短,素之一忽则嫌白,黛之一忽则嫌黑。（"一忽"、引用古文句式）

白鹭颜色的配合、身段的大小真是恰到好处，我们的脑海中仿佛浮现出了一幅优美的白鹭图。你能用优美的朗读读出白鹭的美吗？齐读第2段，指名读3—5段。

填空：指导背诵2至5段。白鹤太____而嫌____，即如____的朱鹭或____的苍鹭，也觉得____了一些，而且太____了。……那____的蓑毛，那全身的____，那____的长喙，那____的脚，增之一分则嫌____，减之一分则嫌____，素之一忽则嫌____，黛之一忽则嫌____。

深读品味。

环节四：自主学习，交流"意境之美"。

色素的配合，身段的大小，一切都很适宜，那么大自然中的白鹭又是怎样的呢？接下来我们就重点学习课文的6—8自然段。

小组合作完成学习单。

学习单	
自由朗读6至8自然段，为每幅图画起名字。小组交流，说明理由。	第6段：_____
	第7段：_____
	第8段：_____

交流评议。部分小组将起好的名字贴在黑板上，学生交流评议，教师相机指导，引导学生分别体会三幅画面的静态美、孤独美与动态美。

指导朗读6至8段，配乐读。

交流感悟。

环节五：谈话交流，体会"理趣之美"。

教师过渡：不管是早晨、白天，还是黄昏，不管是觅食、望哨，还是飞行，或动或静之间，白鹭总能给人以美的享受，就像一幅幅优美的图画。（板书：如画）可有人却说它还有一个美中不足，谁找到相关的句子了？学生谈体会。

教师点拨：在作者眼中，白鹭本身就是一首歌，一首优美而又平凡的歌。

正如前文所说的那样——指名读：然而白鹭却因为它的常见，而被人忘却了它的美。

学生谈体会，教师板书：常见、美。

指名读开头和结尾，说说作者把白鹭比作了什么？（板书：如诗）

联系全文，说说作者为什么把白鹭比作诗？（因为白鹭的美自然天成，就像诗一样韵在了骨子里，也因郭沫若笔下的白鹭也如诗一般具有画面美和音韵美。）

课堂小结：

白鹭如诗，美在无声，美在自然，美在含蓄，美在骨子里。虽没有华丽迷人的词藻，也没有浓妆艳抹的渲染，但作者就是用如白鹭一般朴素而优美的句子，让我们感受到了平常事物中蕴含的美！让我们再读课文，体会作者这独特的审美！

二、情境创设体验课

（一）情境创设体验课的概念及内涵

教学情境是指在课堂教学中，根据教学的内容，为落实教学目标所设定的，适合学习主体并作用于学习主体，产生一定情感反应，能够使其主动积极建构性学习的具有学习背景、景象和学习活动条件的学习环境。

在小学语文课堂教学中，教师根据学生的心理特点和认知规律，从学生学习的实际情况出发，呈现有亲近感的学习材料，创设开放有效的学习体验环境，营造生动活泼的教学气氛，重视学生的内心体验与主动参与。通过创设与教材内容有关的情境，把学生带入情境，引导他们在亲身体验中探求新知，开发潜能。在情境中学知识，对于小学生来说是最感兴趣、最乐于接受的，不仅能够引起学生的情感共鸣，激活学生的已有经验，提升学生能动参与意识，使学生充分体验学习的价值，积累更深刻的知识探求过程的经验，而且能够获得情感、意志等可持续发展的体验，从而促进学生的全面发展。

（二）情境创设体验课的课式设计及特点

创设教学情境，第一要注重联系学生的现实生活，在学生鲜活的日常生活环境中发现、挖掘学习情境的资源；第二要挖掘和利用学生的经验。

情境创设体验课的课式设计主要包括以下四个步骤：创设情境—进入情境—体验情境—领悟表达。其特点主要体现在三个方面：

1.情境创设要与教学内容相契合

教师必须认真、准确地把握教材的知识点，确立明确的教学目标，并从学生实际出发设计符合学生认知规律的问题情境，在师生互动过程中发挥主导作用，引导学生自主解决问题，获取知识，实现教学目标。这是实现情境创设体验教学的基础。

2.情境创设要以引导阅读为主要手段

情境在读中创设，这是情境创设体验课式设计的重要特点。学生应该是情境创设的主人，情境创设的过程就是学生在教师引导下的自主阅读的过程，情境是随着阅读过程的展开，而自然地创设出来的。[①]教师在学生阅读之前或阅读过程中进行情境的渲染，对学生进入文中情境起着重要的作用。教师的渲染起"引子"的作用，只是将学生引入阅读，在关键时刻给予点拨。而不是为了创设情境而创境，应该尊重学生对课文的感受和独特的阅读体验。

3.情境创设要立足于学生的发展

教师在课堂上创设情境，目的是帮助学生更好理解课文内容，把握文章情感，掌握写作方法。情境的创设，必须立足于学生的发展，立足于学生的生活，从学生的实际出发，能够激发学生的学习兴趣和求知欲望，并在营造的良好学习环境中进行。这是情境教学成败的关键。

（三）情境创设体验课例谈

1.《精卫填海》教学设计构想

《精卫填海》是一篇文言文形式的神话故事。课文让学生体验文言文的学

———————————

① 李卫东. 小学语文感悟式教学 . [M]. 天津：天津教育出版社，2002：193.

习乐趣的同时,引导学生了解中国传统文化知识,感受了神话故事的神奇。这是学生们接触到的第三篇文言文课文。学生已经初步积累掌握了一些学习文言文的方法。本课学生们可以通过多种形式的朗读,获得初步的文言语感;在自主、合作、探究的学习方式下,结合注释用自己的话讲解文言文的内容,展开想象感受神话的神奇和鲜明的人物形象,丰富故事的内容,从而喜欢文言文。

(1)抓朗读,促想象。学生在学习文言文时,首先会遇到的困难就是读通读顺文章。教师要示范读文,让学生初步感受文言文的节奏和韵味,再带着学生反复朗读,指导学生读准字音,读出停顿,形成文言文朗读的基本语感,为后面了解故事内容、讲述故事做好铺垫。

解决了阅读障碍,教师引导学生分成小组,充分利用课文注释、联系上下文、结合插图的方法,理解句子的意思。教师创设情境,引导学生发挥想象,想象精卫填海中遇到的困难,进而感受人物形象。再让学生用自己的话讲一讲故事的起因、经过和结果,慢慢过渡到把整个故事讲清楚,讲明白,环环相扣、步步递进地引导学生入情入境地把故事讲生动,从中感受神话的魅力。

(2)抓复述,促迁移。"成年人写的神话是幼稚的,只有经过儿童的再创作,这些神话才能成为真正的神话。"(荣格语)课堂上,教师就应该抓住神话的特点,让课堂充满神奇的色彩,让创造得到延展,让神话与儿童天性之间形成一种浑然天成的"亲缘关系"。在复述故事时,创设情境,提醒学生可以适当增加语汇,如加上自己想象到的大海波涛汹涌的样子,精卫填海遇到的困难,使句意表达更清楚、流畅,让故事变得生动,从而感受精卫勇敢无畏、坚忍执着的精神,再现神话之神奇。最后,推荐阅读《山海经》,再一次体会神话的神奇性。

本节课的教学立足文本,以读为主,读神话、讲神话、想象神话,努力创设神话的故事情境,引导学生放飞想象,在神话世界里流连忘返。

2.教学课例——《精卫填海》教学设计

教学目标:

认识"帝、曰"等四个生字,读准多音字"少",会写等"溺、衔"五个字。能正确、流利地朗读课文,背诵课文。能借助注释、插图,结合上下文等方法理解课文的意思。用自己的话讲述《精卫填海》的故事,能和同学交流精卫给自己留下的印象。

教学重点:

能正确、流利地朗读课文,背诵课文。能借助注释、插图,结合上下文理解课文的意思,用自己的话讲故事。

教学难点:

有感情地朗读课文,展开想象讲故事,感受神话故事的神奇,体会精卫鲜明的人物形象。

教学媒体:课件。

教学过程:

第一,创设情境。

创境激趣,导入新课。激发兴趣,鼓励学生讲一讲自己听说过的或了解到的有关精卫填海的故事。

出示《山海经》中的有趣插图,进一步激发学生学习兴趣,引出课文学习任务。(板书课题)

第二,进入情境。

读准字音,读好停顿。学生自读课文,标出需要注意的字音进行交流。

借助拼音指名读课文。掉拼音指名读课文。(课件出示去拼音的课文)指导学生读好课文停顿。(课件出示节奏划分)炎帝/之少女,名曰/女娃。女娃/游于/东海,溺/而不返,故/为/精卫,常衔/西山/之木石,以/堙于/东海。

教师范读。学生听读后先自己练习读,然后指名读,齐读。

教师适时小结:朗读文言文,要有一定的停顿。

第三,体验情境

结合注释,理解意思。引导学生回忆学习文言文的方法。(预设:结合注释,依据上下文,看插图等)

学生分组学习,一人读原文;另一人借助书下注释,用自己的话说出句子的意思。

学生自主学习,教师巡视点拨。以小组为单位进行交流、汇报。

炎帝／之少女,名曰／女娃。

学生汇报。生生评价,教师点拨。指导学生,在理解意思的基础上读出韵味。

女娃／游于／东海,溺／而不返,故／为／精卫,常衔／西山／之木石,以／埋于／东海。

学生再汇报。教师指导点拨关键词句的意思。

点拨,预设随机出示:引导学生结合插图,理解"木石"的意思。结合工具书,理解"以"的意思。引导学生发现了文言文中的省略现象。提示如果能把文言文中省略的内容再补充进去,会使文章的意思更明白。请学生再用自己的话说一说这句的意思。教师点拨。鼓励学生,结合注释,用自己的话连起来说说文言文的意思。

领悟表达。展开想象,再讲故事。回顾课文,引导学生梳理内容的表达顺序。

(出示图片)引导学生想象,精卫填海往返的过程中,可能会遇到哪些困难。

鼓励学生把想象加进去,再来讲讲这个神奇的故事。引导学生加入自己的想象讲故事。

教师小结:展开想象的翅膀,我们把故事讲得更生动、更神奇了。讲解生字"溺"和"衔",板书示范,指导书写。

感悟形象、练习诵读。引导学生理解这个故事带给人们的启发。(板书:坚忍执着)

出示课件,激发学生的想象,教师引读课文。鼓励学生带着自己的理解朗读课文。指名练习背诵课文,齐诵全文。

总结:精卫填海的故事为我们打开了中国古代神话故事的大门,希望同学们走进神话故事的世界里去,感悟它的神奇与美好。

作业设计:练习书写本课生字,背诵课文,讲故事。读中国古代神话故事。

三、问题发现探究课

（一）问题发现探究课的概念及内涵

问题教学是语文教学中重要的教学手段和形式,教师科学的设计、巧妙的提问,常常能收到点击关键、一问传神的效果。小学语文课堂中恰当的问题可以优化课堂结构,发挥学生学习和探究的主动性、积极性,从而真正落实教师主导和学生为主体的教学原则。通过问题引领,调动学生的积极性和探究兴趣,让学生主动探究答案,积极回答、讨论问题,或者能够以新的思维解决问题,树立质疑精神。教师在语文课堂中应指导学生学会发现问题、深入思考、讨论辨析,掌握找到答案的方法,坚持"尽信书则不如无书",真正激发学生对于知识的好奇心和学习兴趣,培养自己的独立见解。

这种课堂教学组织形式建立在通过发现、探究解决问题基础上,故称之为问题发现探究课,是以问题为载体,学生围绕问题收集、加工、处理信息,以类似科学研究的方法或独立探索,或讨论,或在教师指导下,最终通过自主学习、探究学习、合作学习等方式,得出问题结论,获取新知识。

（二）问题发现探究课的课式设计及特点

问题发现探究课的课式设计主要包括以下四个步骤:发现问题—探究问题—合作解决—交流拓展。其特点主要体现在三个方面:

1.问题贯穿学习过程

人人都在学习,但并非人人都会学习。问题发现探究课是围绕问题展开的,基于文本的特点,教师应引导学生经历从文本中发现、探究的真实学习过程,学生充分参与分析问题、解决问题,通过与文本、与学习伙伴对话,经历了自己围绕问题获取信息,并对信息进行筛选综合、重组的学习历程,学生的思维能力和语言表达能力在不断地思想碰撞、讨论交流中得到提升。

2.学生成为课堂主体

在问题发现探究课上，教师不再是知识的传授者、讲解者、促进者，而是问题情景的创设者，学法的指导者，讨论的组织者，而学生由知识的被动接收者、灌输对象转变为信息加工的主体、知识意义的主动构建者，成为语文课堂的主体。这是学生主动探究，获取新知识的课堂，其最终结果是学生能够自觉学习，独立学习，学会学习，以致终身学习。

3.自主合作探究的学习方式

在问题发现探究课的教学过程中，通过自主探究，同桌、小组合作学习的组织形式，营造宽松的学习氛围，构筑民主的平台，唤醒学生主动参与学习的主体意识。学生在合作交流中提出不同的观点和思路，能够充分发挥集体、团队的力量，在合作中发现线索、解决问题，而且能够培养学生互相配合、善于倾听、敢于质疑、勇于创造的能力。

（三）问题发现探究课例谈

1.《金字塔》教学设计构想

《金字塔》是统编版小学语文教科书五年级下册第七单元的一篇略读课文。本单元的人文主题是"世界各地"，语文要素是"体会静态描写和动态描写的表达效果"。《金字塔》为略读课文，编排了两篇短文，分别是散文《金字塔夕照》和非连续性文本《不可思议的金字塔》，本课首次出现了非连续性文本形式的课文，图文并茂的呈现方式激发了学生的阅读兴趣。教科书针对文本内容提出的"学习任务"和六个批注的问题，充分体现了导学、助学的功能与价值。

本课教学基于学习任务，立足单元语文要素和人文主题整体来设计，以学生为主体发现、探究、合作、交流，在文本提供的语境中，通过丰富的语文学习活动，帮助学生自然而然地习得语文能力。

（1）发现探究，提升思维能力。五年级的学生已经具备了一定的阅读能力，学生能够通过阅读获取信息，并对信息进行概括，说出自己的感受。教学中首先让学生自主阅读文本，汇报对金字塔的了解，在此基础上引导学生发现：这只是对单一信息的提取，如果能够将相关的信息联系起来就能对批注中的问题进行推测，会对文本有更多的了解。接下来让学生分组学习，引导学生在自主学习的基础上，整合信息对批注问题进行推测。这一环节大大激发了学生探索的欲望，学生在文本中找到关于古埃及人在科学、造船、建筑等方面取得杰出成就的信息，在小组交流中各抒己见，互相补充，对批注中的问题以及金字塔是如何建成的进行了有理有据地推测，从而对金字塔有了新的认识，收获了更多知识。通过学生自主学习、小组合作交流，与文本对话，与学习伙伴对话，学生的思维能力在潜移默化中得到提升。

（2）合作交流，锻炼语言表达能力。课堂上教师要围绕"学习任务"展开教学，依据学生的选择进行重新分组，喜欢同一种方式的学生在一起讨论交流，用自己喜欢的方式以小组的形式汇报自己喜欢的理由。

例如课堂上喜欢《金字塔夕照》的学生代表在汇报时选择在屏幕上画出自己喜欢的句子，说出了自己喜欢的理由，并用自己喜欢的方式——朗读进行汇报，其他人边听边想象画面、体会情感，进而感受文体的特点。学生在交流中潜移默化获得了阅读的经验。

喜欢《不可思议的金字塔》的学生，在投影下展示书上的批注，对照文本说出自己喜欢的理由，与其他学生产生共鸣，感受到这种表达方式能够为读者提供丰富而明晰的信息的特点。在这一过程中教师启发学生读书、思考、交流、讨论，充分锻炼了学生的思维能力和语言表达能力。

（3）交流拓展，引领学生言语实践。纵观本课在单元中的位置和整体单元结构，不难发现这篇课文与口语交际"我是小小讲解员"和习作"中国的世界文化遗产"紧密联系，教师应有意识地引导学生将本课中习得的方法与经验，迁移运用到口语交际和习作的学习之中。

例如课堂中教师创设了这样一个具体情境：让学生先以游客身份选择适合的文本，引导学生在具体的生活情境中体会有目的地阅读能解决生活中的实际问题;接下来再让学生扮演埃及博物馆讲解员或埃及金字塔导游,选择文本中自己感兴趣的内容介绍金字塔。教师创设具体的生活情境,让学生真正感受到语言学习的综合性和实践性,从而提升学生的思维能力。

2.教学课例——《金字塔》教学设计

教学目标:

认识"译、愧"等10个生字。能结合两篇短文的内容,对信息进行整合、概括,加深对金字塔的了解。能说出对两篇短文不同表达方式的感受。

教学重点:

能说出对两篇短文不同表达方式的感受。

教学难点:

能结合两篇短文的内容,对信息进行整合、概括,加深对金字塔的了解。

教学准备:

多媒体课件、投影仪,制作关于金字塔的视频。学生课前预习。

教学过程:

第一,发现问题。

课堂导入,激发兴趣。回顾本单元所学,谈话引出金字塔。播放关于"金字塔"的视频资源,激发学生学习兴趣,揭示课题《金字塔》。(板书:《金字塔》)

设计意图:金字塔古老而又神秘,让人心驰神往。通过视频展示,可以让学生身临其境地感受金字塔的雄浑壮美,激发学生的学习兴趣。

检查预习,引入新课。检查学生识字、读文情况,引导学生明确学习任务。引导学生汇报预习所得,了解两篇文本的不同,相机引导学生发现生活中的非连续性文本。(板书:《金字塔夕照》《不可思议的金字塔》)(板书:散文、非连续性文本)

设计意图:通过检验学生预习所得的教学环节,能够发现五年级的学生已经养成了良好的预习习惯,预习时学生能够独立认识生字词、读课文、了解学习任务,在预习过程中发现课文由两篇不同形式的短文组成,并关注课文表达方式上的特点。教师应充分考虑学生的真正需求,以学定教,确定学习目标。

第二,探究问题。

初读文本,感知金字塔。学生自主默读两篇短文,讲述自己对金字塔的了解。分组学习,对批注问题进行推测。分组学习,引导学生在自主学习的基础上整合信息,对批注问题进行推测。汇报交流对批注问题的推测情况。师生评价,总结归纳信息整合的方法。

设计意图:引导学生在自主学习、小组交流、互相讨论,与文本对话,与学习伙伴对话的基础上,将相关的信息联系起来对批注中的问题进行推测,从而加深对文本内容的了解。这一环节的设计提升了学生的信息整合能力,同时也激发了学生进一步探索,运用所学获取新知的欲望。

第三,合作解决。

细读文本,感受不同文体的特点。学生结合学习所得重新组合,分小组合作学习,以批注的形式写下喜欢该种表达方式的理由。学生以组为单位进行汇报展示,通过生生评价、互相补充来感受不同文体的表达特点。(板书:想象画面、体会情感、提供丰富而明晰的信息)

设计意图:这一环节的设计有利于教学任务的达成,同时体现了略读课文学生自主学习、自主交流的特点,学生的思维能力和语言表达能力在不断地思想碰撞、讨论交流中得到提升。

第四,交流拓展。

转换角色,尝试实践。学生转换为游客角色选择合适的文本,了解金字塔。引导学生发现应根据需求有目的地阅读。选择角色,介绍金字塔。

设计意图:这一环节的设计基于单元整体教学的意识,关注了单元教学内容的联系,注重知识的整合运用,让学生在感知理解的基础上尝试运用,为后面口语交际和习作教学做好铺垫,从而让略读课文实现应有的桥梁作用。

归纳学习收获。归纳本节课学习所得:生活中有目的的阅读能满足不同的需求,解决不同的问题。鼓励学生博览群书,采众家之长,为下一课口语交际做好准备。

作业设计：用自己喜欢的方式向你的家人、朋友介绍金字塔。搜集资料了解中国的世界文化遗产。

四、阅读策略运用课

（一）阅读策略运用课的概念及内涵

学习语言文字的运用重在言语实践运用，人民教育出版社编辑傅嘉德教授曾说："在课堂上教师讲不出学生的能力。学生的能力要靠他自己去体验，去体味，去实践才能出来。"

学生学习语用知识，是为了在阅读实践中更灵活自如地运用这些方法、技能，帮助自己提高阅读能力，丰富阅读经验，提升阅读效率和品质，绝不是为了了解方法、策略、技能而学习。语用教学需要学习阅读知识，更需要进行言语实践运用。统编教科书重视在阅读中让学生学会学习，习得阅读方法。特别是安排了特殊单元——阅读策略单元，细化了各项能力要求，既是基于学生阅读现实需要，成为提升学生素养的有效抓手，又为学生提供了学习支架，帮助学生在阅读中习得阅读方法，提高阅读能力。

因此，在阅读策略运用课的教学中，教师要有意识地将方法、技能运用渗透到阅读学习活动设计中，监控、了解学生运用的自觉性、习惯和能力的发展，帮助学生将方法、技能、策略运用趋向"自动化"的境界。可以说，阅读策略运用课要处理好阅读知识和策略运用的关系，有意识地将阅读方法运用迁移到整本书阅读、生活常态阅读中，让学生在阅读实践中掌握言语奥秘，切实提升言语表达能力。

（二）阅读策略运用课的设计及特点

阅读策略运用课的课式设计主要包括以下四个步骤：明确任务，提出要求—自主阅读，运用策略—交流经验，完善方法—拓展阅读，综合实践。其特点主要体现在三个方面：

1.任务驱动,借助文本习得语言

语文课堂要引导学生进行言语实践,首先要立足教材,创造性地运用教材进行教学,教材为"本",语用为"魂",指导学生由"学"到"用"。在学习任务的驱动下,首先要把课堂学习变成学生自主认知的过程而不是教师教授的过程,教学时教师要通过创设学习任务,引导学生在自主阅读课文的过程中,通过自行发现、领会,同伴分享,或教师点拨、指导,领悟"策略",用不同的形式,反复地与文本对话,同时深入挖掘课文中的言语实践点,从"整体把握"到"品析感悟"再到"综合实践",三个环节紧紧抓住语言这根线,通过学习任务将语言训练、思维训练和人文熏染有机地结合起来。

2.注重体验,多元实践积累语言

语文课切忌技术味儿过浓,语文味儿偏淡。教师不能将语文的内容变成对策略的训练和灌输,机械地按照步骤教学策略,而对于内容的理解,情感的表达,语言的品位等有所忽视。学生在课堂中通过阅读和教师的教授所得的知识是间接的知识。没有亲自实践,没有直接与文本相遇,认知就像是隔着一层纱似的朦朦胧胧。因此,阅读策略的教学要注重在实践中学习和验证,因此,阅读策略运用课要以文本为载体,让学生在阅读实践中体会课文中蕴含的情感、表达方式的巧妙、写作方法的独特,将语文知识内化为学生的体验,使得精神受到熏陶,产生表达的冲动。通过创设基于学情的情境、活动、研究性问题等,让策略运用转化为习惯、能力。

3.搭设支架,合理安排实践练习

学生学习阅读策略,是为了能在阅读实践中更加灵活自如地运用这些策略,帮助自己提高阅读能力,丰富阅读经验,提升阅读效率和品质,绝不是为了了解策略而学习策略。阅读策略是知识,更是实践运用的能力。在课堂上,教师设计问题式支架或活动支架,可以帮助学生树立正确的思维路径,学生在思考和下笔练习时有了方向和角度。语文课上为学生安排的活动、设计的问题、准备的练习,首先要符合学生的"最近发展区",不能一味拔高要求,超出学生的能力范围。因此,精心构建言语实践情境,搭设有效支架,才能让学生不断体验"获得感",避免落入了枯燥的训练中。引导学生将阅读策略的运用迁移到整本书阅读、生活常态阅读中,让学生在阅读实践中体会阅读策略的价值。

(三)阅读策略运用课例谈

1.《冀中的地道战》教学设计构想

《冀中的地道战》是统编版小学语文五年级上册第二单元的一篇精读课文。本单元是阅读策略单元,单元主题是"提高阅读的速度"。这个单元由《搭石》《将相和》《什么比猎豹的速度更快》以及《冀中的地道战》四篇课文组成。

《搭石》是提高阅读速度策略单元的开篇文章,"集中注意力,不回读"这是学生提高阅读速度的基础和起点。《将相和》在继续练习"集中注意力,不回读"的基础上,重点学习如何"连词成句地读"。《什么比猎豹的速度更快》在"连词成句,扩大视域"阅读方法基础上,引导学生在自主阅读中发现借助关键词、文章表达上的特点,能快速读懂课文。《冀中的地道战》作为本单元的最后一篇课文,既让学生学习运用带着问题读课文,又要培养学生提高阅读速度的方法,更要综合运用前面所学的方法,准确地、快速地理解课文内容,把握文章的主旨。

四篇文章由易到难,阅读策略的运用难度也渐次提升,对学生而言也是一个循序渐进、不断提升能力的过程。在教学设计时,一方面要引导学生带着问题读,掌握信息,了解抗日战争中地道产生的原因、作用,以及地道的构造特点;另一方面,要让学生在读通的基础上,综合运用学过的方法提高阅读速度,并能够整合资料,获得知识信息。

本课的教学环节,指向的是本单元在深度阅读的基础上实现"提高阅读的速度"所使用的策略方法:读的时候集中注意力、不要回读。四个教学环节与阅读策略运用课的课式设计相对应,其最终目标是掌握阅读策略,提升语用能力。

(1)联系旧知,指导方法运用。语文教学中既要落实这一单元的阅读策略,也要带领学生学习作者表达事物的特点,感受人民的无穷智慧。教师要引导学生联系学生在前四年的学习中掌握的预测和提问的阅读策略,特别是在三年级四年级习得的理解课文、把握课文主要内容的阅读方法。

此外在这个单元的学习中,学生已经掌握了几个快速阅读的方法,比如"读的时候集中注意力,不要回读""尽量连词成句地读,不要一个字一个字地读",在第七课也学习了"带着课文题目中提出的问题,用较快的速度默读课文"。教学时教师要提示学生综合运用这些方法来快速默读课文,并了解课文的主要内容。在学生对课文的题目进行质疑后,采用速读竞赛的方法来训练学生快速阅读。学生在阅读时带着问题读,迅速寻找文中与问题有关的信息,忽略其他与问题无关的语段,提高阅读速度。

(2)设计活动,任务驱动学习热情。教学时为了把学习的主动权还给学生,可以设计由学生当导游,对参观地道的旅游团队介绍"地道"的活动。在任务的驱动下,学生带着新的身份、新的任务重新走进文本,在任务情境中迁移运用阅读策略,通过快速阅读了解课文内容,在撰写导游词的过程中,对文本信息进行分类整合,培养了学生的信息搜集、整理,语言组织能力和表达能力。通过这些基于任务驱动的自主学习活动,真正实现了让学生主动思考、主动学习,成为积极的阅读者。

(3)问题引领,促进思维能力提升。为了抓住重点,突破难点,教师需要提出了富有吸引力的问题,引起学生探究的兴趣,激发学生产生强烈的学习欲望,学生在交流中碰撞出思维的火花。同时,恰当的问题可以让学生深入探究文本,根据文本内容和背景介绍探索地道战成功的关键,在学习过程中提升思维能力和表达能力。

2.教学课例——《冀中的地道战》教学设计

教学目标:

认识"侵、略"等8个生字,读准多音字"任",会写"侵、略"等10个字,会写"侵略、修筑"等14个词语。能带着问题,用较快的速度默读课文,了解课文主要内容。理解地道战取得成功的关键源于中国人民的智慧和保家卫国的顽强斗志。

教学重点和难点：

能带着问题，用较快的速度默读课文，了解课文主要内容。理解地道战取得成功的关键源于中国人民的智慧和保家卫国的顽强斗志。

教学过程：

第一课时

第一，明确任务，提出要求。

题目质疑，唤起学习兴趣。出示课文的题目《冀中的地道战》。根据题目质疑。预设：地道是什么样的？为什么要在地道里作战？在地道里究竟如何打仗？冀中在哪里？提出学习要求：带着问题，用较快的速度默读课文，记下所用的时间。

第二，自主阅读，运用策略。

比赛速读，检测阅读效果。自主识字，扫清阅读障碍。带着题目中的问题快速阅读课文，记录阅读时间。写下在阅读过程中产生的问题。完成与课文内容相关的检测题。

第三，交流经验，完善方法。

根据问题，交流阅读体会。交流初读课文后解答了哪些问题。说一说在阅读中又产生了哪些新的问题，对提高阅读速度有什么帮助。归纳梳理问题，提示学生：阅读过程中，有些问题可能会从课文中直接找到答案，有些可能需要经过思考才能明白。还有些问题可能不能在课文中找到明确答案，但不影响理解整篇课文，可以暂时忽略，以后再查阅资料寻求答案。

第四，拓展阅读，综合实践。

开展活动，理清课文内容。运用阅读策略细读课文，小组合作完成任务单中的任务。全班展示交流，相互补充，完善介绍内容。

第二课时

通过介绍，回顾地道特点。播放《地道战》电影片段，加深对地道结构、特点的深入了解。

第一,自主阅读,运用策略。

开展活动,讨论成功关键。运用阅读策略细读课文5—7自然段,小组合作完成任务单中的任务。全班交流。教师介绍课文背景,引导学生进一步思考。师生共同总结地道战取得成功的关键。

第二,拓展阅读,综合实践。

总结方法,拓展阅读内容。总结"快速阅读"的方法。拓展阅读《地雷战》。带着问题用较快的速度默读课文,记下所用的时间。交流阅读感受。

第三节 不同文体的教学设计

文体就是文章的体裁,是文章作品在结构形式和语言表达上所呈现的具体样式或类别。作者撰文是为了准确地表情达意,因此,总要选择恰当的文章式样,这样就形成了不同个性的文章体裁。文体教学在小学语文教学中处于非常重要的位置,在阅读过程中,对语言篇章的理解是会受文体制约的。在小学阶段常见的散文、小说、童话、说明文、诗歌等不同文体,不仅其各自的阅读取向不同,而且分别需要采用不同的阅读方法。

王荣生教授在《关于教学内容的选择与教学环节的展开》中列举过留言条与诗歌在不同文体视角下的教学内容的不同选择。同样的语例,放到小学语文教学中来,文体不同,教学重点也完全不同:

留言条:亲爱的,你放在冰箱里的两颗葡萄,我把它吃了。

诗歌:亲爱的 / 你 / 放在冰箱里的 / 两颗葡萄 / 我 / 把它吃了

常规语例教学："亲爱的"可能指谁呢？葡萄可以怎么来形容呢？把字句改为被字句怎么表达？

留言条教学：为什么省略了"亲爱的"后面的确切称呼？为什么不写两颗葡萄的样子？体会一下留言条的简洁性。

诗歌教学：为什么"我""你"要单独成行？结合写作背景，想一想诗句中的"两颗葡萄"是指什么呢？

由此可见，文体视角决定了阅读教学的不同走向。新课程改革以来，语文阅读教学中的诸多问题和文体密切相关。平时的阅读教学中，教师普遍存在着"淡化文体"的倾向。

调查中发现：接近50%的教师在面对不同文体课文时，教学设计的策略相同，45%的教师认为说明文类课文最难以驾驭，30%的教师认为在教学中最不重视现代诗歌。由此可以看出，大部分小学语文教师对于"文体"的重视程度不够，教学设计呈现出"模糊化""低效化"的情况。因此，教学过程也需要从文体入手，确定教学内容，选择教学方法，使学生能在阅读中读出不同文体的文本特征。

一、散文教学设计

（一）文体特征

散文是一种以叙事或抒情为主的文学体裁。它素材广泛，文体灵活，篇幅短小，情感丰富，文采飞扬。"貌似形体散乱，但精神不散乱"，形式上没有太严格的限制，但一定要有主题思想和中心意思。散文通常是优美简洁，简单易懂，自然流畅，但仍然可以描绘出让人印象深刻的人物和生活场景。此外，散文虽然形式自由，但往往意境深远。一般来说，它以一种线索贯穿全文，细节寓意深刻，从简洁优美的语言中表达出深刻的含义。散文有三个特点：

1.形散神聚

散文的题材广泛、写作方法多样，形式上追求自由，"不拘一格"，因此被称作"形散"。但它仍有一条贯穿全文的主线。散文中描绘的人、事、物充其量只是表象,它的根本目的是对情感的抒发。情感表达才是散文"永不散去的精髓"。另外,散文的主题必须明确和集中,而内容则可以根据需要自由调整和变化,这是散文灵活性的体现。

2.意境深邃

就是注重表现作者的生活感受,抒情性强,情感真挚。作者借助想象与联想,由此及彼,由浅入深,由实而虚的依次写来,可以融情于景、寄情于事、寓情于物、托物言志,表达作者的真情实感,实现物我的统一,展现出更深远的思想,使读者领会更深的道理。

散文注重对作者生活情感的表达,情真意切。想象力可以帮助作者从浅到深,在虚实场景中自由切换,彼此融合。情感的表达既可以直接抒发,也可以结合具体事例,还可以寄托于人、物、景中,展示更深刻的思想。

3.语言优美

优美,这里首先是指语言美,散文的语言往往活泼、自然,富有韵律感,流畅、动听、真诚。其次散文体现了一种简练美,就是散文的语言简单、自然、流畅。简简单单的几句话就能描绘出动态的形象,勾绘出迷人的情景,展现出深刻的意境。散文力求描绘眼前的景色,使人耳目一新。因而散文素有"美文"之称,它除了有精神的见解、优美的意境外,还有清新隽永、质朴无华的文采。经常读一些好的散文,不仅可以丰富知识、开阔眼界,培养高尚的思想情操,还可以从中学习选材立意、谋篇布局和遣词造句的技巧,提高自己的语言表达能力。

(二)教学策略

语用教学下的散文教学,教师要深入文本之中,对散文特点展开全面梳理,为学生规划出清晰的学习思路,促使学生围绕文本特点、语言表达、结构布局、寓意哲理等方面展开学习体会。

同时小学生文体概念较弱,教师在教学时要注意拿捏尺度,不用让学生标签化地去学习散文,可以引导学生展开整体阅读,重点品读与读写训练,让学生

在不断对比学习中感知散文文体的特点,体会散文特色的语言表达,提升语文综合素养。可以采用以下教学策略:

1.整体阅读,感知文体特点

语文教材中有不少散文内容,教学时,不仅要深入解读散文寓意和写法特点,还要关注学生理解、感悟能力,组织学生展开整体感知性阅读,对散文文体特点进行体悟和理解。散文具有"形散神聚"的特点,如何让学生对"形""神""散""聚"进行理解、体会,需要教师展开多种形式的教学引导,帮助学生充分把握文体特点。

教师让学生展开自主阅读学习活动时可以提出思考问题,引导学生进行有目的地阅读,因为虽然散文的选材、语言表达、结构都是比较自由灵动的,但是主题思想却呈现唯一性,是本文的主线。

比如统编版四年级下册《天窗》一课,先写了"天窗开在哪""木板窗关起来时,屋子里就黑得像地洞似的"又写了"雨天里从天窗看到的景象"和"夜晚从天窗看到的景象"最后写了"学生们知道怎样从'无'中看出'有',从'虚'中看出'实',比任何他看到的更阔达,更复杂,更确实!"这几部分看上去关联不大,结构松散。但只要细细地读,会发现这些内容都是围绕着"小小的天窗,是你唯一的慰藉"这个关键句来写的,这个关键句子建立了这几部分内容彼此的联系,分别回应了"天窗开在哪""什么样的天窗""天窗带来了怎样的慰藉""为什么天窗带来了唯一的慰藉"。教学时围绕着理解"小小的天窗,是你唯一的慰藉"这个关键句,设计学生联系生活实际感受"黑得像地洞似的"的情形,对比朗读学生们"在屋外玩耍""被大人们叫进屋里""从天窗看外面的景象"时不同的情感变化,感受什么是"慰藉",怎么叫"唯一的慰藉",从而体会散文"形散神聚"的特点。

2.重点品析,体会语言运用

《课程标准》指出:"语文课程还应重视提高学生的品德修养和审美情趣。"散文有着丰富优美的语言表达,美在其语言,美在其律动,美在其情感,这些是语文教学的重要资源,教师利用这些语言表达展开语言鉴赏活动,给学生创设更多的感知、学习机会。学生在学习中,教师需要给出适当的引导,让学生利用语用基础展开语言鉴赏活动,让学生进入散文的语境,体会作者情感表达和文本主题,进而培养学生良好的语感,促使学生语言运用能力的提升。

如《天窗》一课教学中,学生读到"从那小小的玻璃,你会看见雨脚在那里卜落卜落跳,你会看见带子似的闪电一瞥;你想象到这雨,这风,这雷,这电,怎样猛厉地扫荡了这世界,你想象它们的威力比你在露天真实感到的要大十倍百倍。小小的天窗会使你的想象锐利起来!"这一部分时教师可以引导学生结合生活实际,去想象雨脚跳动的样子,然后通过看微视频,将这种想象具象化,形成真实的情感体验,通过有感情地朗读将这种情感体验表现出来。同样学生在去想象风、雨、雷、电是如何比露天感受到的大百倍、千倍。可以在一次一次的读中去加强感受,通过和教师合作读、齐读的方式将文字中表达的情感、美感充分地表达出来。

3.读写结合,历练表达能力

散文的教学中,让学生依托文本展开创新实践是有必要的,学生有了阅读基础,自然有创作的冲动。教师要给创设读写情境,让学生读得自然,写得顺利,实现学习认知的内化。

《天窗》一课教学时,让学生仿照文章表达,展开想象,想想夜晚天窗外的景象,在充分阅读体会后,学生顺利进入读写环节,这种有针对性的读写训练其实是检验阅读认知的最有效手段,也是学生散文阅读认知内化的具体形式。

(三)教学课例——《天窗》

教科书分析:

《天窗》是统编版语文教科书四年级下册第一单元的一篇精读课文。课文是我国现代著名作家茅盾写的一篇抒情散文,选取乡下孩子童年生活的两个场景,描写学生们想在雨天和夜晚玩,却不得不待在家里时,从小小的天窗中获得的乐趣和慰藉。

《天窗》一文在语言上最大的特点就是作者丰富奇特的想象,而且这种想象是依据实在事物产生新形象的心理活动。作者以"无"与"有""实"与"虚"的关联为纽带,把现实事物与虚拟事物紧密结合起来,从而创设出奇特美妙的世界。先写"实"景——雨脚、闪电,再写幻想的"虚"景——外面世界的风雨雷电扫荡世界的壮阔画卷;先写看见的"一粒星、一朵云",再写没看到的无数星和无数云;先写确实"有"的"一条黑影",再写可能"无"的"唱歌的夜莺"等。想象,打通了"有"与"无""虚"与"实"的界限,作者把自己的情思藏在想象中,借儿童之眼打开一扇想象世界的"天窗"。

学情分析:

《天窗》这篇课文,因为创作年代距离学生当前的生活较远,而且城市中的住房基本上都没有天窗,可以说难以"感同身受"的体会文中孩子的情感,理解起来存在一定的困难。因此,教学时可以引导学生去体会这些"同龄孩子"被"拘束"时的"慰藉",借助视频资料、图片等,体会天窗给文中孩子带去的快乐和安慰,同时引导学生通过品读语言文字,展开丰富的想象,充分感受天窗给学生们带来的无限乐趣。

教学目标:

认识"慰、藉"2个生字,读准多音字"卜",会写"慰、藉"等11个字,会写"慰藉、扫荡"等12个词语。默读课文,理解天窗是学生们"唯一的慰藉"的原因。有感情地朗读课文。抓住关键语句,体会天窗带给孩子的快乐。

教学重点:

默读课文,理解天窗是学生们"唯一的慰藉"的原因。

教学难点:

抓住关键语句,体会天窗带给孩子的快乐。

教学过程:

第一,检查预习,读准字音。

这节课我们一起来学习茅盾先生的散文《天窗》。预习课文的时候同学们一定读了几遍课文,谁能读准这些词。(暖和、慰藉、卜落卜落、一瞥、帐子、闪闪烁烁、略过)认识"卜"的不同读音。

第二,初读课文,整体感知。

快速默读课文,思考:天窗开在哪? 为什么要开天窗? 借助图片,感受黑得像地洞似的屋子,这小小的天窗对于学生们的意义是什么,能不能用文中的一句话来回答。追问:这句话在文中出现了几次? 理解"慰藉"的含义,指导书写"慰"字。在什么样的情况下,小小的天窗成了学生们"唯一的慰藉"? 找出相关语句。

设计意图:以单元语文要素的要求"抓关键语句,体会课文表达的情感"为切入点,围绕关键句子"小小的天窗,是你唯一的慰藉"展开课文的学习。学生在后面的学习中充分朗读,通过多种形式的读,理解文章内容,感受情感表达。

细读课文四、六然段。自读课文四、六自然段。指导朗读。体会情感变化,指导进行有层次地朗读。

夏天阵雨来了时,学生们顶喜欢在雨中跑跳,仰着脸看闪电,‖然而大人们偏就不许。"到屋里来呀!"跟着木板窗的关闭,学生们也就被关在地洞似的屋里了。‖这时候,小小的天窗是你唯一的慰藉。

学生练习朗读第六自然段。

设计意图:课上学生在自读、默读中感受文章内容,对比朗读学生们"在屋外玩耍""被大人们叫进屋里""从天窗看外面的景象"时不同的情感变化,感受什么是"慰藉",为什么是"唯一的慰藉",从而体会散文"形散神聚"的文体特点,通过有感情地朗读,让学生体验到"将文中人物的情感变化对接自己阅读时的情感表达"这一散文阅读技巧的使用。

细读课文第五自然段和第七自然段。

朗读课文第五自然段、第七自然段,说说你有哪些发现。理解:扫荡。联系生活想象情景。看视频资料并学习体会:为什么通过天窗感受到的风雨雷电的威力,比在露天真实感到的要大十倍百倍? 指导朗读第五自然段,教师范读。

学习第七自然段,体会想象的神奇。

小练笔:你会从那小玻璃上面掠过一条黑影想象到这也许是灰色的蝙蝠,也许是会唱的夜莺,也许是恶霸似的猫头鹰＿＿＿＿＿＿＿＿＿练习有感情地朗读课文。

设计意图:让学生在语言文字中寻找关键词句,展开想象,想象风雨雷电横扫大地的气势,想象夜晚天窗中闪过的"黑影",并训练学生通过练笔的方式将想象内容写成片段,之后通过让学生多次的不同形式的读,将自己对语言文字的独特感受,丰富想象表达出来。眼、耳、手、脑充分调动,读写结合,落实课堂上语言文字运用的训练。

第三,回归整体,总结升华。

教师提问:你知道学生们从天窗得到的慰藉是什么了吗? 总结全文:天窗虽小,却促使学生们想象天窗外的世界,也正是凭着这丰富的想象,把原本看不到的"无"想象成仿佛就在眼前的"有",把不曾体验过的"虚"想象成亲身经历般的"实",所以要感谢发明天窗的大人们。

课后作业:有感情地朗读《天窗》,体会课文表达的情感。积累课文中生动优美的语句。选做:阅读江南月的《天窗》,比较一下和茅盾先生的《天窗》有哪些异同。

二、诗歌教学设计

(一)儿童诗的文体特征

著名儿童文学作家、诗人金波曾说过:"读诗不是一般的消遣,它可以让读者在纯正的文学趣味中,获得阅读的快乐滋养。"儿童诗是诗歌的分支,具备诗歌的一般特质,即以感情为主调,情感强烈,语言简洁,节奏欢快。同时,它又有独特的个性,它是在儿童文学的角度下对诗歌的进一步细分,所面对的对象是儿童,具有独特的儿童属性。

儿童诗是为儿童创造的。它从儿童的视角出发,基于儿童本位,以儿童的眼光去捕捉、以儿童的思维去思考,描绘孩子眼中的世界,抒发孩子内心的情感。儿童诗一般具有以下四个特点:一是结构美。儿童诗是分行分节的书写,它的句式和结构虽没有统一的定式,但是凝练富有节奏。二是语言美。儿童诗语言通俗、韵律精妙,读起来朗朗上口,意境深远。三是画面美。儿童诗超越成人世界里的理性和真实,偏爱可视可感的形象,画面丰富且富有色彩,为儿童读者创建一个美妙的精神世界。四是情感美。儿童诗还原了儿童的生活,用儿童的视角思考,用儿童的方式表达,能引起儿童与文本的情感共鸣。

结合诗歌的特征与儿童群体的特征,我们可以将儿童诗定义为:基于儿童本位,符合儿童理解水平、接受能力和心理特点,富有结构美、语言美、画面美、情感美,专门为儿童创作的诗歌。

(二)教学策略

文质兼美的儿童诗歌不仅能给孩子带来艺术上的享受,潜移默化地将真、善、美传达给他们,能帮助学生学习语言表达,积累句式,培养语感,体验审美情感,增强表达和叙述的能力。在教学时,教师要具有文体意识,把握诗歌的特质,采用丰富多彩的教学方式,关注诗歌的语言,增强学生对于诗歌的感知力和阅读力,促进表达力的提升。可采用以下教学策略:

1.听音感韵,唤起诗意

听音感韵指的是在开始学习诗歌之前,调动身体中的听觉、视觉等各感官唤醒对诗歌韵味的感知。儿童诗因其独特的韵律和朗朗上口的语言特点,易被谱成音乐作品,因而在教学伊始,可以用配套的音像资料、动画视频或者一些与诗歌主题相关的音乐作品,利用孩子已有的生活经验,借助听一听、唱一唱的方式,激发学习的动力。

2.诵读积累,语言感知

汉字的读音最早来源对大自然的模仿,将这些文字连起来读,就是最淳朴的声音。儿童诗的语言就是符合儿童年龄特征的质朴美和稚拙美。诗歌中简单自然的字词,充满节奏的押韵,易读易背易理解,可以很好地培养儿童语感、提升阅读能力。因而教师在教学儿童诗歌时一定要反复诵读,通过口读、耳听,再加心感,在诵读中理解诗歌大意;在诵读中再现诗歌意境;在诵读中积累语言文字。

3.绘本创作,触发想象

儿童诗充满奇思妙想,充满诗情画意,非常适合作为绘本创作的素材。在教学中让学生创作绘本,不仅能梳理课文结构,理清诗歌的情感脉络还能拓展学生的思维,激发学生的想象力。儿童与成人相比较,缺少现实社会的重重束缚,他们的想象和思维丰富而跳跃。在孩子眼中,看山不是山,也许是强壮的巨人;看水不是水,也许是晶莹的丝带;绵绵的春雨可以化作盛大的音乐会。七色的彩虹可能是仙女的项链。在课堂中让孩子用直观的线条、颜色与抽象的文字符号建立联系,将情感体验和形象思维结合在一起,这本身就是一种想象力和思维力的提升。

4.任务驱动,审美体验

诵读诗歌固然重要,但在儿童诗的课堂教学中,更重要的目标是帮助学生真正融入诗歌的情境之中,与诗人的情感交织在一起,将思维浸润在诗歌的内蕴之中,与诗人产生心灵上的共鸣。因而,教学中可以以游戏的形式,在任务驱动下,通过扮演诗歌中的人物,将抽象的语言文字转化为形象的表情、动作,能将诗歌中的形象生动地呈现在孩子眼前,帮助学生将情感融入诗歌当中,从不同维度感知诗歌内蕴,理解诗歌中的人物形象,获得审美体验。

5.鼓励创作,读写结合

儿童诗歌语言优美,句式灵活多变,每一节诗歌中都蕴含着相应的语言表达训练点。在内容的选取上贴近儿童的实际生活;在用词上往往呈现富于儿童情趣的画面感;在押韵方面没有严格要求,因此儿童可以很好地捕捉到那些充满新鲜感、读上去明艳活泼的词语、句式以及脑海中形成画面感,从而丰富自身的创作体验,在书面表达上也就可以做到"有话可说"。

(三)教学课例——《彩色的梦》

教科书分析:

《彩色的梦》是统编版语文教科书二年级下册第二单元的一篇略读课文。课文是一首充满智慧和童趣的儿童诗,描写了小朋友用彩色铅笔在白纸上画画时的丰富想象,表现了儿童对大自然的赞美与向往。诗歌语言优美、节奏明朗,读起来朗朗上口;作者运用拟人的手法,丰富的想象,使句子更加生动、形象,彰显出语言的表现力,贴近儿童的内心世界。通过这首儿童诗,学生可以领略到诗歌中孩子丰富的想象力,用五彩的画笔编织出一个美丽的童话故事。通过学习儿童诗,可以让学生插上想象的翅膀,培养他们的想象力。

学情分析:

二年级学生处于低年级阶段,想象力尚不丰富。在此之前,与想象有关的语文要素出现了两次:一次是二年级上册第七单元"展开想象,获得初步的情感体验";一次是二年级下册第二单元"读句子,想象画面"。这篇课文要求学生展开想象,仿照课文相关段落把自己想画的内容写下来。学生能够在以往学习的基础上,从"会想"到"有画面感"到"表达出来",体现了由易到难,依次上升的发展特点。

教学目标:

正确识记"盒、聊"等9个生字,会写"彩、梦"等9个生字。朗读课文,边读边想象,能用自己的话说出彩色铅笔画出的梦。能展开想象,仿照课文相关段落把自己想画的内容写下来。

教学重点:

识字、写字,朗读课文。

教学难点:

能展开想象,仿照课文相关段落把自己想画的内容写下来。

教学过程:

第一,复习旧知,感悟美好。

出示词语:第一组:绿、红、蓝、紫、彩色。(与颜色有关)第二组:草坪、野花、天空、雪松、小鸟、小屋、烟囱、太阳、溪水、水果香、季节风、紫葡萄。(与事物、景物有关)第三组:聊天、蹦跳、滑过、叮咛、流动、拉着手、结苹果。(与动作有关)

出示短语:彩色的梦、彩色的梦境、大块的草坪、大朵的野花、大片的天空。葱郁的森林、苹果般的太阳、大森林的精灵、紫葡萄的叮咛。(关注形容词,通过朗读感受事物的美)

第二,结合动画,朗读全文。

设计意图:由字到词再到短语,最后进行全文的朗读,逐层递进,既对第一课时所学的字词进行了复现,又开启了新知,带领学生进一步感受儿童诗语言的优美,获得审美体验。

第三,诵读积累,读写结合。

大声朗读第2节,边读边想:彩色的梦都有哪些景物?用笔圈画出来。生交流(师板贴:草坪、野花、天空)

用自己的话来描述自己所见过的草坪、野花、天空。出示句子:大块的草坪,绿了。大朵地野花,红了。大片的天空,蓝了,蓝—得—透—明!提示:瞧,作者用简单的两个词语就把这种美表达出来了,这就是诗的语言。美美地读一读。

设计意图:让学生用自己的语言描述自己所见过的草坪、野花、天空后,再引导学生品读诗中的语言,将生活实际与诗意的语言联系起来,培养了学生的诗性的思维和想象,为仿说句子做了铺垫。

关注标点。请闭上眼睛,听教师朗读。你们的脑海中浮现出了什么样的天空。关注停顿,认识破折号。这里用上破折号代表声音的延长和停顿。提示:几个破折号就让诗充满了味道,作者可真厉害呀!

设计意图:破折号在全文出现了两次,分别在第二小节和第三小节。破折号在诗句中表示声音的延长,起强调作用。在教学中,不是以概念的形式去讲解,而是通过示范朗读,引导学生对破折号的用法有了感知的同时,进一步感受语言的节奏美、音韵美。

关注动词:有一个字写得很有意思。(出示:滑)做动作,说说自己的体会。并读出这种感觉。

设计意图:"滑"这个字可以说把彩色铅笔写活了,起到串联全文的作用。彩色铅笔化身为可爱的精灵,一路跳蹦着,滑过碧绿的草坪、鲜红的野花、湛蓝的天空,最后滑进了葱郁的森林。抓住"滑"字,通过动作体会用字之妙,对诗中描写的景物在脑海中有了整体感知,学生的语言感知能力得到了有效培养。

仿说句子:彩色铅笔脚尖滑过的地方还出现了哪些变化? 出示:桃花、海棠花……预设:大片的桃花粉了,粉—得—诱—人! 大片的海棠花红了,红—得—似—火!

设计意图:紧抓诗歌中的语言训练点,给学生提供语言训练的支架。可以借助教师出示的图片,也可以自己想象练说,让学生尝试成功的喜悦,体会语言文字的精妙,从而内化吸收。

看着黑板上的景物尝试背诵。

第四,合作学习,由扶到放。

小组合作学习。交流你看到了什么? 听见了什么? 你关注到了哪些标点和动词,说说你的感受。

全班交流。预设:我仿佛看到了雪松们手拉着手,树枝碰着树枝,小鸟在枝头唱着歌儿。小屋有一个烟囱、太阳高挂在天空(板贴:雪松、小鸟、带烟囱的小屋、太阳)预设:小屋的烟囱上,结了一个苹果般的太阳,又大——又红! 破折号表示声音的延长。预设:"拉"用了拟人的手法;"结"字很有意思,因为太阳的位置正好在烟囱那儿,看上去就好像是烟囱结出来的。

师生合作朗读。指导:作者把雪松、小鸟当作人来写,把太阳比作了苹果,真有意思。让我们一起走进这美丽的森林吧!

设计意图：授人以鱼不如授人以渔。课堂上有意识地对学生进行学法指导，在第二小节的学习中，带领学生通过找景物、抓标点和动词去体味诗句后，在第三小节的学习中，放手让学生通过自主学习、合作学习相结合的方法去体味诗歌语言之美，韵律之妙，学生抓住景物、标点和动词进行汇报交流，学生的语言在拔节生长，想象力和思维力得到了提升。

第五，触发想象，鼓励创作。

创"梦"之旅：如果你也有一支彩色铅笔，你想画出什么样的梦境。学着第三小节的样子，写一写自己的梦境。可以用上以下情境：在热闹的池塘边、在丰收的果园里、在碧绿的田野里……

语句通顺，运用破折号把事物当人来写。

生展示。生生评价：能得几颗星，说说理由。

设计意图：通过创设情境，激发学生的想象力，将诗句中的内容迁移到熟悉的场景中，学生实现语言的积累到运用的过程。评价标准是有趣的加星规则，提供支架，指导学生如何写得更精彩。

齐读第四小节。交流"省略号"的意境。提示：引导学生想象彩色的梦境里有……有……还有……，读出梦境的美丽和延续。

第六，总结全文，作业布置。

配乐读全文。童年的梦是绚丽多彩的，是变幻无常的，是美妙无比的，我们发挥想象力，在诗句中放飞我们的梦想。

儿童诗共读。这首诗的作者高洪波先生还写了很多儿童诗，都收藏在《彩色的梦》这本书中。下课后，我们可以共读这本书，让我们都与诗歌成为好朋友！课下我们可以：把自己的彩色梦境画下来，并配上自己的诗句，制作班级《彩色的梦》绘本集。阅读《彩色的梦》儿童诗集。

（四）古诗词的文体特征

我国是一个诗歌的国度，有着悠久的诗歌发展历史。现代诗人、文学评论家何其芳曾说这样评价说："诗是一种最集中地反映社会生活的文学样式，它饱含着丰富的想象和感情,常常以直接抒情的方式来表现,而且在精炼与和谐的程度上,特别是在节奏的鲜明上,它的语言有别于散文的语言。"这个定义性的说明,概括了诗歌的几个基本特点:第一,高度集中、概括地反映生活;第二,抒情言志,饱含丰富的思想感情;第三,丰富的想象、联想和幻想;第四,语言具有音乐美。

（五）教学策略

小学阶段的古诗词学习是学生接触古诗词文化熏陶的起点。学生在这个阶段将形成一定的古诗词理解能力和鉴赏能力,为今后的语文学习打下基础。在古诗教学中,教师要摒弃逐句串讲,过度"解诗意、明诗情",而要采用恰当的教学策略,激发学生对古诗词产生浓厚的兴趣,领会古诗词的奥妙。

1.反复吟诵

古诗词的教学和吟诵是分不开的。"吟诵"就是有节奏地诵读诗文。首先要通读,做到读准字音,读通句子,读好停顿。其次是品读,从韵字着手,把握主旨。从重点字中品味,感受诗词的语言魅力,体味诗人表达的思想感情。最后是吟诵,体会平仄之间产生的音韵美。

如在教学《望洞庭》一课时,教师可紧扣韵字"和、磨、螺"展开教学。首先是教师范读,学生感受韵字的音韵美;接着抓韵字品读,通过多媒体课件创境,感受"秋月映照湖面""水平如镜的洞庭湖""洞庭湖中的君山",学生沉浸在洞庭湖迷人的风光中,韵字吟得悠远绵长;最后,教师再吟唱全诗,将洞庭湖的优美意境深深印在学生的心里。

2.想象感悟

"意象"是古诗词用来表情达意的典型物象,是构建诗词意境的基础。因此,"意象"是理解古诗词的一个重要切入点,教师应引导学生抓住"意象"展开想象,把一个个诗句生成为一幅幅鲜活的画面,学生才能由此及彼,走进古诗词的意境中,走进作者的内心世界。

如在教学《望洞庭》一课时,教师可创设语用情境,让学生展开想象,走进诗中所描绘的画面：秋夜,皎皎明月下的洞庭湖水澄澈透明,与天上的月亮正好相互辉映,远远望去,水色、月光融为一体,多么和谐!诗中的"和"在想象中转化为具体生动、鲜活可感的画面,唤醒了学生内心的体验,这时再吟诵诗句,可谓水到渠成了。

（六）《望洞庭》教学课例

教科书分析：

《望洞庭》是统编版三年级上册第六组第一篇课文《古诗三首》中的第三首,是唐代诗人刘禹锡在秋天转任和州,行经洞庭所作的一首描写秋夜景色的七言古诗。《望洞庭》选择了月夜遥望的角度,通过丰富的想象和形象的比喻,把千里洞庭尽收眼底,抓住最具有代表性的湖光和山色,独出心裁地把洞庭美景再现于纸上,表现出惊人的艺术功力,给人以莫大的艺术享受。

学情分析：

三年级孩子思维活跃、求知欲强,在一年级和二年级中他们已经学习了不少古诗,具备了一定的古诗学习方法,能够通过朗读、借助注释、观看插图、搜集作者资料,体会古诗所表达的情感。当然,也存在学习积极性很高,但是理解能力、概括能力不足的问题,需要教师的进一步引导,通过诗歌诵读获得独特体验。

教学目标：

认识"庭"等4个生字,读准多音字"磨",会写"镜、未、磨"等6个生字。有感情地朗读课文,背诵课文。能用自己的话说出诗句的意思,想象诗中描绘的景色。

教学重点：

通过借助注释、联系上下文、查字典等方式理解诗句。

教学难点：

能用自己的话说出诗句的意思,想象诗中描绘的景色。

教学过程：

第一，看图诵诗，引出诗题。

出示庐山瀑布、天门山等图片，用学过的诗句赞美图中的景物。板书诗题，解题。

第二，初读古诗，把握大意。

读准读通。自由读诗，做到读准字音，读通句子。正音。重点指导读准多音字"磨"。

读好诗句的停顿。学生尝试有节奏地朗读诗歌。师范读，学生模仿，读熟古诗。指导书写"遥""盘"两个字。

把握诗歌大意。默读，借助注释了解"洞庭""青螺"。同桌交流。指名说一说诗歌的意思。

设计意图：勾连学生已有经验，更好地感受古诗美景。读的设计有层次，从读准读通到读好停顿，再到读出节奏。整体感知，借助注释理解内容。

第三，读中想象，感受美景。

"望"是什么意思？点明前两句是"近望"，三四句是"远望"。

欣赏近景。出示：湖光秋月两相和，潭面无风镜未磨。想象画面，从诗中看到了什么样的景色？出示"秋月映照湖面""水平如镜的洞庭湖""洞庭湖中的君山"图片，体会诗中的"和"字的巧妙。边想象边齐读，指导用舒缓的语调读出宁静和谐。

欣赏远景。出示：遥望洞庭山水翠，白银盘里一青螺。想象画面，从这句诗中又看到了什么？诗人面对如此美景，可能会想写什么？体会两个比喻：洞庭湖——白银盘，君山——青螺。鼓励质疑：水是翠绿色的，为什么比喻成"白"银盘？结合前两句体会月光的照映与湖面的平静。结合全诗展开想象。这是一幅怎样的图画？配乐进行情境练说：秋夜，皎皎明月下的洞庭湖水澄澈透明，与天上的月亮正好相互辉映，远远望去，水色、月光融为一体，多么和谐！月亮升起，和洞庭湖水应和在一起。天上、湖中，一片朦胧。此时的君山就像放在白银盘里的青螺,这景象着实迷人。带着自己的感受朗读全诗。边出画面边读,直至熟读成诵。

设计意图:整体感知—想象画面—情境练说—情感朗读,层层深入。学生品味语言,展开联想,加深了对诗意的理解和诗情的感悟。

第四,对比阅读,示范吟诵。

对比《望天门山》和《望洞庭》。引导学生发现"望"的时间、地点不同,山水特点不同,朗读相关诗句。教师示范吟诵,出示标记,学生尝试吟诵。自由尝试,分享感受,体会洞庭山水的细腻柔美。

设计意图:单元间古诗的对比阅读,架起了新旧知识的联系。由一个"望"字体会古诗词的奥妙。示范吟诵,将洞庭湖的优美意境深深印在学生的心里。

三、说明文教学设计

（一）文体特征

在《课程标准》中,对于小学语文第三学段的说明性文章学习提出了具体的学习目标,即"能抓住要点,了解文章的基本说明方法。"教育家叶圣陶先生对于说明文,也提出过说明文就是要"说明白",要忠实于事物的客观性和知识的准确性。"说明白"可能就是说明文的最核心、本质的特征了。因为需要把事物的具体特征讲述清楚,或者把事理具体明白地进行阐述,说明类文体就需要采用一定的说明方法,进行说明。

《现代汉语词典》中对于"说明文"进行了这样的定义:"说明文,即说明事物的情况或道理的文章。说明文的中心明确,文章具有一定的科学性、条理性,其语言严谨、准确、清晰,主要通过揭示事物的特征、规律、本质,解释事物的原理、含义、特点、类别、演变,介绍事物的结构、功能、构造、关系等。"说明文的实用性很强,对小学生来说,不同学段对说明文的理解和把握也是不同的。第二学段,学生阅读说明文的首要任务是认识到说明文和记叙文这两种不同文体的区别。第三学段着眼于篇章,偏重理性认识。

1.说明文用词非常精准

对于小学生而言,说明文的语言严谨、准确不仅要说明"是什么",而且细致讲述了"为什么"。因此,学生可以通过说明文的学习,学习作者对于词语的准确运用。

《赵州桥》中的"大桥洞顶上的左右两边,还各有两个拱形的小桥洞"中的"顶上""左右两边""各有"等词语就体现了说明文说明语言的准确性、平实性、周密性和科学性的特征,从中感受说明类文体所蕴含的科学精神。在教学中,教师可以引导学生关注说明文中的语言,设计梯度不同的问题,引导学生打破砂锅问到底,从浅显直白的"现象"逐步深入,去发现其背后的"原理"、蕴藏的"奥秘""规律"。

《太阳》一课中"太阳会发光,会发热,是个大火球"这句话,形象地运用打比方的说明方法,让读者直观地感受太阳温度高的特点,"太阳的温度很高,表面温度有五千多摄氏度,就是钢铁碰到它,也会变成气体"则运用学生生活中熟悉的事物——钢铁,连钢铁碰到太阳都会变成气体,生动地说明了太阳的温度之高。这就使得原本难以理解的科学术语,变成了通俗化、趣味化、生动化的文字,便于学生联系生活经验更好地理解课文。

2.说明文采用了多样的说明方法

为了说清楚事物特征,或者阐述明白事理,说明文需要运用一定的说明方法。通常采用的说明方法有做比较、打比方、举例子、列数字、做诠释、分类别、摹状貌、下定义、画图表、引用等,在写说明文时,要根据说明对象以及写作的目的,恰当选择说明方法。

如《鲸》这篇说明文,教学时可以出示字典中对于"鲸"的介绍,与课文的说明方法进行对比,如列数字——课文出示了具体数字,准确地说明了鲸的体重、身长,以及幼鲸的生长速度快,鲸的寿命很长;做比较——把鲸和学生熟知的大象相比,以及"一条舌头""十几头大肥猪"进行比较,从而突出鲸形体之大;举例子——课文以虎鲸为例,具体说明了鲸的食量大、捕食凶猛的特点,以须鲸为例,说明鲸生长速度快;打比方——课文把鲸喷出来的水柱,比作喷泉,学生读过这句话后,可以想象花园中喷泉的样子,就能够明白鲸喷出来的水柱的模样。学生在阅读课文后可以感受到各种说明方法让文本内容更充实、说明更直观。

3.精巧的布局结构

说明文在说明事物、道理时,都会采用一定的说明顺序,常见有时间顺序、空间顺序(包括上下左右、内外、远近、高低等)和逻辑顺序(从现象到本质、从性状到用途、从原因到结果、从整体到局部、从主要到次要、从具体到概括等)。但具体到一篇文章时,又会有所变化。

例如,《爬山虎的脚》一课是先写整体再写局部,详细介绍爬山虎的生长过程和状态;《琥珀》一课中以时间线索,介绍了琥珀在漫长的时间长河中形成的过程;《太阳》这篇典型的说明性文章则呈现出结构化特点,先写太阳的三个特点,然后介绍太阳和人类之间的关系,结构非常清晰。

统编小学语文教科书中的许多说明性文章,有的介绍了大自然中的神奇现象或自然景观,有的详细描写了有趣的动物、植物的习性、生长特点,还有的介绍了最新的科学发现、科技成果,这些说明方法的使用,不仅充分地表现了知识的趣味性,也让文章贴近学生的生活,从而激发起学生探索世界奥秘、了解自然规律的好奇心和求知欲。

(二)教学策略

与其他文体的课文相比,说明文没有吸引人曲折故事情节,也没有令人印象深刻的鲜活人物形象,更不会有令人感同身受的动人情感。因此,许多教师在教学中对于说明文的重视程度不高,认为说明文内容浅显易懂、写法平实自然,也就不需要设计过多的教学环节、学习活动,学生能够通过自主阅读充分理解课文内容。于是,部分说明文的教学中往往采取了"读文感知内容—课外资料补充—总结课文笔记—解决课后问题"的方法,固化了说明文教学的流程。这样的教学,一方面磨灭了说明文科学性、趣味性的特点,失去了通过说明文的学习培养学生科学精神、探索精神的契机,另一方面,没有做到"让学生处于学习的核心地位",学生不能通过说明文的学习掌握如何采用恰当地方法来说明事物,也就失去了方法习得、学习习惯养成的机会。

1.整体把握,概括文意

统编教材中的说明文,相较于同册其他课文篇幅较长,因此,说明文内容的概括也独具特点,可以先明确课文介绍什么、从哪些方面介绍、具有怎样的特点、具备哪些价值。特别注意的是,概括出主要内容不是目的,对学生进行概括方法的指导则更为重要,只有这样,才能逐步培养学生独立阅读的能力。教学中,教师可以引导学生抓住说明文中的关键句,如总起句、总结句、过渡句、中心句等关键句子,快速、有效地帮助学生理清文章的脉络。

《爬山虎的脚》中抓住"爬山虎就是这样一脚一脚地往上爬"这个关键句,学生就能较快地知道课文是详细介绍爬山虎的生长和向上"爬"的过程。而《太阳》《鲸》中,许多自然段都是围绕一个意思来进行说明的,教学中抓住这些关键句就可以知道某一个自然段具体说明的内容。

2.品析词句,感受特点

说明类文体的特点是严谨、准确、浅显、明白等,其中严谨、准确是说明文的首要特点。因此,在说明文的教学中,一定要引导学生关注文中这些体现出时间、性状、数量、程度、特征的词语、句子,充分感受说明文语言的严谨准确。学生在朗读品析、体会语言特色后,还可以学习这些用法,进行说明一个事物的片段仿写,从而掌握说明的方法。

在《鲸》一课的教学中,教师可以引导学生默读课文,找出体现出鲸生活地点变化的词句,然后进一步思考,作者是如何写出鲸从"陆地"到"浅海",再到"海洋"的生活演变。同时,这个演变过程也不是一蹴而就的,学生又能够抓住"很远的古代""很长很长的年代""渐渐"等关键词语深入思考,感受到从陆地到海洋这一演变过程的漫长。通过这样的训练,学生在文本中走了一个"来回",不仅理解了说明文介绍的具体内容,另一方面也引导学生进行了言语训练,掌握具体的说明方法。

3.读写结合,应用方法

语用教学既要关注于文本的内容,也要注意语言形式,切实提升学生的语用能力,有效提升听、说、读、写的水平,实现语文素养的提升。语用视野下的说明文教学,教师要结合每一篇课文的说明方法、表达特点、教学目标,设计相应的"支架",有选择的安排练习,进行言语实践。如进行句式的模仿、迁移,运用文中的方法说明新的事物,实现学生由"读课文、学方法"到"用方法、促提升"的迈进。在教学实践中,可进行文体转换的训练。安排学生思考《鲸》一课中,有哪些方法可以用于改写《松鼠》这篇文章,用平实直白的语言改变《松鼠》一文中感情色彩浓厚的语言。学生在讨论后,认为可以运用列数字、举例子、打比方、做比较等说明方法,从对松鼠大小、外形、活动、吃食、住处与生育等几个方面选择一个部分进行改写,或者进行续写、仿写的练习。通过这样的创新实践,学生不仅收获了说明方法的相关知识,也能够运用方法尝试说明事物。

4.搜集资料,处理信息

学生通过对说明文的学习,可以依托教材当中的资源进行一定的拓展,试着运用现代科学技术搜集资料,处理信息,提升学生的综合素养。教学中,教师一方面要引导学生关注文中的科学名词、专业术语,试着运用现代技术进一步了解其定义,补充资料,并对这些信息进行处理,有选择的与同学进行分享、交流。另一方面,也要指导学生在课外阅读中遇到不了解的内容,及时查询相关资料、筛选关键内容,提升阅读效果,甚至对感兴趣的内容开展进一步的研究。

比如教学统编教科书四年级上册《夜间飞行的秘密》时,学生不仅了解了蝙蝠在夜间是如何飞行的,而且对于文中通过实验方法,获取结论的方法非常感兴趣,课后,也乐于通过书籍、网络搜索,了解更多关于仿生学的知识。在学习《鲸》以后,对于鲸鱼的习性、生活环境产生了兴趣,自主查找有关的资料、图片、视频,教师也可以在课后安排学生围绕着"鲸鱼百科"这个话题搜寻信息,整理素材,与同学进一步展开讨论。课文的学习,为学生开展自主学习、知识拓展奠定了基础,实现了"由点到面"、由学习方法到运用方法的跃升。

（三）《太阳》教学课例

教科书分析：

《太阳》是统编语文教科书五年级上册第五单元的一篇科普短文,是一篇逻辑非常清晰的说明性文章。它有以下两个特点:一是结构清晰。二是采用列数字、打比方、做比较等说明方法,介绍了有关太阳的知识,说明太阳与人类有着非常密切的关系。

本单元是习作单元,主要学习写说明性文章。结合本单元习作"介绍一种事物"中的习作要求可知,写好说明文,需要学生会使用恰当地说明方法以及分段介绍事物的不同方面。而这两点正与《太阳》这篇文章的特点一致。

因此在教学时,引导学生分析文章的结构和体会说明方法的使用是本课的重点。课文共有8个自然段,可以分为两部分。第一部分在介绍太阳的特点时,运用了列数字、打比方、做比较、举例子等方法,把太阳远、大、热三个方面的知识说得很具体、通俗,具有很强的说服力。第二部分讲太阳和人类的关系,从太阳和动、植物的生存,地球上气候的变化及太阳光可防治疾病等方面表现出太阳与人类关系的密切。运用多种说明方法来说明事物,是本文写法上的重要特点。

学情分析：

小学五年级的学生对于科普知识类说明文已经有了一定的了解,他们也能通过课前的资料搜集对于课文中所讲述的内容,具备相应的知识储备,能够在课堂上独立思考、发现问题、解决问题,当然,对于说明文的学习还缺乏一定的经验,课堂上可以让学生学以致用,模仿课文,尝试用多种方法来说明某一事物的特征,甚至是从不同方面对事物进行介绍。

教学目标：

认识本课的生字词,会写"抵、氏、殖、粮"等生字。能够正确、流利地朗读课文,了解太阳的特点,懂得太阳和人类的关系密切。通过品析课文中是如何使用不同的说明方法把太阳的特点介绍清楚的,体会说明方法的作用。尝试使用"列数字、作假设、做比较、打比方"等多种说明方法介绍事物的特点,学有余力者可尝试从不同方面介绍事物。

教学重点:

理解课文内容,了解鲸的有关知识,初步认识课文所运用的说明方法。

教学难点:

品析句子,感受列数字、做比较、举例子等说明方法的作用,初步学习运用这些说明方法进行表达。

教学过程:

第一,故事引入,揭示课题。

出示图片,引入神话故事《夸父追日》。这个神话故事流传广泛,就是因为它有着神奇的色彩、丰富的想象。同学们,我们都学过科学,懂得不少科学知识,如果用科学的思维方式来思考,用科学的眼光来审视,你如何看《夸父追日》这件事? 同学们,今天我们就来学习一篇说明文《太阳》,我们齐读课题。

设计意图:从神话故事引入,先感受其丰富的想象、神奇的色彩,再学习课文时就能形成鲜明的对比,这样,学生就能清晰地认识到说明文的特点。

第二,整体感知,认读字词。

这是一篇说明文,是我们小学阶段学习的第一篇真正意义上的说明文,那么说明文有什么样的特点呢? 我们来看看叶圣陶先生是怎么说的?

课件出示:说明文以"说明白了"为成功。在第二单元中,我们学习了提高阅读速度的方法,请同学们快速阅读《太阳》这篇课文,说一说你都了解到了哪些内容? 学生在速读课文后,联系课文内容简单交流自己了解到了有关太阳的信息。太阳离我们有多远? 飞机要飞多久,步行呢? 多少个地球才抵得上一个太阳那么大? 它看起来只有盘子那么大,为什么? 太阳的表面温度有多少摄氏度? 钢铁碰到它会变成什么? 太阳和我们关系密切,有了太阳,鸟、兽、鱼、虫才能——没有太阳,地球上不仅不会有动物,也不会有"繁殖、植物"。我们吃的什么也跟太阳有着密切的关系?(粮食)学生齐读课文第一自然段。引导学生思考:之前在速读时是如何概括出这一段的主要信息"太阳离地球很远"的?找到这一段的关键词句:太阳离我们约有一亿五千万千米远。

总结:我们可以通过圈画关键词句的方法,找到一个自然段的大意。说明性文章一般一个自然段说明一个意思,阅读时,概括出每个自然段的内容,能帮助我们更加清晰地读懂文章。

应用方法,提取要点。学生一边自由朗读课文,一边用圈画关键词的方法,批注上第2至8自然段所介绍的主要信息。学生分享交流每段圈画的关键词句及概括的主要内容。

段落	圈画的关键词句	主要内容
1	太阳离我们约有一亿五千万千米远。	太阳与我们距离很远。
2	实际上它大得很。	太阳体积很大。
3	太阳的温度很高。	太阳温度很高。
4	它和我们的关系非常密切	太阳与我们关系密切。
5	云层里的小水滴越聚越多,就变成雨或雪落下来。	太阳与云、雨、雪形成的关系。
6	空气有冷有热,才能流动,形成风。	太阳与风形成的关系。
7	杀菌	人们可以利用太阳的杀菌作用。
8	一句话,没有太阳,就没有我们这个美丽可爱的世界。	太阳对我们至关重要。

总结:文章第2至8段都是从太阳与人们关系密切这一方面进行介绍的。因此本文是从太阳离地球远、体积大、温度高、与人们关系密切这四个方面来介绍太阳的。

设计意图:语用教学的课堂一定要带着学生在课文里走几个来回,这一环节实际上就是要让学生读懂内容,了解关于太阳的知识。通过游戏的方式,能够有效激发学生的积极性,让学生积极主动地完成对课文内容的学习。同时,带领学生整体感知,把握太阳的特点,通过抓住关键词句理清课文脉络。

第三,体会说明效果,习得说明方法。

学习课文第1至3自然段,体会列数字、做比较的说明方法的表达效果。发现列数字的说明方法。请学生读一读课文1至3自然段,画出这三个自然段中的数字来。感受列数字说明的精准。

出示:太阳会发光,会发热,是个大火球。太阳的温度很高,表面温度有五千多摄氏度,就是钢铁碰到它,也会变成气体。太阳的温度很高,读了这句话,我们一下子就了解到了,作者的介绍非常清楚,也非常准确,因为作者用到了一个数字——五千多。像这样用数字来说明的句子还有很多,谁来找一个读给大家听? 句子一:其实,太阳离我们约有一亿五千万千米远。句子二:到太阳上去,如果步行,日夜不停地走,差不多要走三千五百年;就是坐飞机,也要飞二十几年。

作者运用数字能够让我们感受到说明文说明精准的特点。可是,反复读这句话,你会发现,好像不是特别准确,你关注到了哪个词?(差不多、二十几)这句话用上了"差不多、二十几"到底是表达更精准了呢,还是不精准了呢? 你怎么看? 再读句子,体会精准的表达。

学习作比较的说明方法。课文第2自然段中也有一个带有数字的句子,谁来读一读? 出示句子:我们看到太阳,觉得它并不大,实际上它大得很,约一百三十万个地球的体积才能抵得上一个太阳。

这句话不仅写到了太阳,还写到了地球,这样太阳的大就介绍得更清楚了。谁知道这句话除了列数字,还用到了哪种说明方法?(作比较)

作者为了介绍清楚我们相对陌生的事物,就用我们相对熟悉的事物来做比较,这样我们就更容易读明白。同学们,对于太阳的温度我们相对陌生,但是水沸腾的温度、钢铁熔化的温度我们相对熟悉,是不是也可以用这种作比较的方法来写呢? 同学们根据教师出示的资料,试着小组之内讨论,然后互相说一说。

（提示：可以先用数学知识来进行计算，然后再照样子说。）

出示：水的沸点为100摄氏度；钢铁的熔点约为1500摄氏度。（太阳会发光，会发热，是个大火球。太阳的温度很高，表面温度有五千多摄氏度，因此，就是钢铁碰到它，也会变成气体。）

设计意图：学习语文，不能仅仅停留在赏析表达方法的层面上，一定要走向实践运用。这一环节先引导学生发现说明方法，体会表达效果，再创设情境，引导学生进行表达，就是要让学生在语言实践的过程中提升语言表达的能力。

学习课文第4自然段，体会举例子进行说明的表达效果。太阳和我们的关系密切，这一知识点本来不容易理解，但是读了课文第4自然段，我们却一下子就明白了，秘密在哪里？请同学们默读课文第4自然段，看看你有哪些发现。

引导交流，明白作者举例子，是跟我们关系密切，甚至是我们熟悉的例子。树木发芽、长叶、开花，结果见过吧？粮食、蔬菜、水果、肉类都吃过吧？棉衣、毛衣、都穿过吧？作者就是选择了这些我们熟悉的事物来举例子，这样大家一下子就读懂了，这种方法真好。我们再读一读这一段，体会体会。

学生读第4自然段，体会举例子说明的好处。同学们，如果说到熟悉，下面这些事物你们一定更加熟悉：穿的：校服、运动鞋、羽绒服……戴的：红领巾、帽子、围巾……用的：作业本、美术纸、课本……吃的：……如果是我们来介绍太阳，相信大家一定会选择我们更熟悉的事物来举例子，咱们试着说一说。学生同桌交流，运用举例子的方法来说，然后班内分享。

小结说明方法：说明文以"说明白了"为成功，希望同学们也能够掌握说明方法，把一样事物说明白了。

设计意图：习作单元的教学就是要从阅读中学习表达的方法，教学习作单元的课文，一定要引导学生发现方法，并不断创设情境，让学生进行实践，在层层推进的语言实践活动中提升表达能力。这里再次创设情境，让学生联系生活进行表达，就是要让学生在轻松愉快的氛围中落实语言表达，掌握本课所学的说明方法。

作业布置：书写本课所学到的生字。尝试着根据以下的资料用学到的说明方法介绍月球。有关月球的资料：与地球之间的距离大约是384402千米。月球的年龄大约是46亿岁。体积只有地球的1/49。月球表面的重力约是地球重力的1/6。在月球赤道外，中午气温高达127摄氏度，在黎明前则下降到-183摄氏度。

设计意图：这一部分对课堂上所学的说明方法进行归纳，同时把课堂学习与生活联系起来，让学生通过查找资料和片段练习，运用课上所学到的说明方法。

四、童话教学设计

（一）文体特征

童话是一种适合儿童阅读的文学形式，它的创作往往符合儿童的认知规律及心理特征，作品中常伴随着大量丰富的想象内容，也常以夸张的手法来塑造人物形象，讲述儿童读者感兴趣的故事。因此许多优秀的童话作品往往在情节上曲折离奇，内容上浅显易通，思想上乐观积极，起到教育人的目的，有助于少年儿童的成长。

童话一般有四种：拟人体童话，这类童话中的"人物"往往是一些动物、植物或是生活中一些没有生命的事物，这些事物在童话中被赋予了生命，能像人一样思考、交流、行动。代表作如《木偶奇遇记》；超人体童话，这类童话中的"人物形象"，往往拥有超出常人的能力，如山精、水怪、精灵、巨人都能使童话作品更吸引人，代表作如《巨人的花园》；凡人体童话，也就是童话中的主人公是普通人，他们是平凡的，却总能遇上不凡的经历，故事情节扣人心弦，代表作如《皇帝的新装》；知识体童话，也就是以讲科学、讲知识为目的，类似于说明性文体，同样追求科学性和严谨性，但在介绍知识的过程中，往往建立在对一个神奇故事的讲述上，以吸引小读者们的兴趣。

当然，一些适合儿童阅读的神话题材，民间题材的故事也可以算是童话的一种。童话的基本特点有：

1.具有特征鲜明的人物形象

几乎所有的童话情节都是虚构的，但读起来给人的感觉似乎合情合理。它的故事情节的推进是建立在想象的基础上的，作者需要为这些虚构的人物活动和虚构的情节发展提供一个假设的合理条件，然后以此为出发，使事物按照较为合理的逻辑思路发展下去。在一些超出常人的童话故事中，让一个普通人在云中飞翔并不是"胡思乱想"而来的，各种神奇的法术也不会无缘无故的使用。故事中往往给角色安排机缘巧合下去获得一些"宝藏"，得到一些"能力"，或者在适当的时候进入一片神奇的境地。

童话中的人物设定几乎是所有文学作品中最自由、最广泛的，从太阳、月亮到星星，从花草树木到虫鱼鸟兽，无论有无生命，有形无形，是具体的物质还是抽象的概念，都可以通过"拟人化"的方式在童话故事中化身为具有语言动作能力和独立思考的"人"。还有，一些来自人们的遐想，那些只存在于魔法世界的想法也可以在童话故事中实现，如野兽、妖精和海怪。当然，童话故事里还可以有更多的人，古代的或现代的，本地人或外国人，过去的和未来的都可以无障碍交流。此外，在一些童话故事中，普通人和超自然人物的形象，各种拟人的生物和非生物的形象可以在作者设计的童话环境中同时出现，相互作用，共同存在。但无论他们选择扮演什么样的童话角色，他们都反映了儿童读者的真实需求，他们也具有生活中各种人物的不同性格。

2.具有独特的具象象征和重复性叙事模式

童话往往围绕着"主人公"，建立起较为复杂的人物关系，这是一部合格的童话作品必不可少的一点，也是童话内容发展的动力。童话故事中的各种人物、场景、故事情节、都围绕着"主人公"展开，具有潜在的吸引力，使整个作品体现出整体的深刻内涵。

如《去年的树》，围绕主人公"树"展开故事情节，小鸟找去年的树要唱歌给他听，小鸟飞向原野、山谷、煤油灯旁，问树根、问大门、问小女孩。人物的出现、场景的安排都紧紧围绕主人公"树"而展开。最后，小鸟在煤油灯旁为"树"唱起了歌。小鸟和树之间的友情也在这一刻得到了深刻的体现。

童话具有重复性叙述模式。在故事情节的发展上，常常用重复推动故事情节的发展。如《那一定会很好》中，种子的愿望虽然不同，但是每一次表达愿望时，都会在结尾说出"那一定会很好"，文中四次出现的"那一定会很好"也成了推动故事发展的线索。《卖火柴的小女孩》中，小女孩四次擦燃火柴的过程几乎相同，情节在重复的系列变化中又激发了学生的阅读期待。

（二）教学策略

童话可以使人增长知识，也可以使人快乐。和学生一起阅读优秀的童话故事，对构建学生的精神世界很有帮助。对培养观察能力、思维能力、表达能力、想象能力、创造力，有着不可估量的积极影响。

阅读时，学生要理解作品的内容，进入作者的幻想世界，了解作者的创作目的。有些童话故事人物语言或总结语言直接道出真相，揭示真理；而有些童话故事则含义内蕴，需要仔细阅读，深入分析，才能了解真相。因此，在教学中，教师应自觉引导学生学会通过表面去思考内涵，从语言中去挖掘生命的真谛。基于以上内容，在童话的教学中我们可以这样去做：

1.引导学生在想象中感受童话的神奇美好

想象力是童话作品的基本特点，因此童话教学中首先要落实的语文要素是"感受童话丰富的想象"。教学中，教师可引导学生通过表格、图表、提示等多种形式感受童话丰富而奇特的想象，学生感受童话丰富的想象，保证学生充分的阅读时间，引导学生展开想象，带着自己的想象和体会走进童话的幻想意境。为了让学生更好地理解文章中所包含的丰富的思想感情和深刻的道理，童话教学中还可以通过活动来激活想象思维，助推情感体验。让学生得到了充分的情感体验，使童话教学更有意义。

比如教学《那一定会很好》时，童话故事中情节的发展和故事人物息息相关，随着情节的推进，故事人物也在不断跟进。从一粒种子到阳台上的木地板，它走过了一段怎样的历程？这里让学生利用流程图来梳理童话故事情节。学生填写好之后用自己的话来说一说这段历程。在这样的教学中，学生既简单有效地厘清了故事的脉络，又在经历的过程中，引导学生层层深入理解和朗读课文，扩大想象的空间，提高语言表达能力。

激发阅读童话的兴趣，感受童话中生动的形象，学习童话中优美的语言，培养想象力和创造力这四者通过活动有机结合，让学生将丰富的想象和言语表达有机融合，提升言语表达的实践能力。

2.落实单元语文要素，突出活动化设计

"试着自己编童话写童话"是课文所在单元的语文要素。围绕这一语文要素，教学中应有意识地培养学生在阅读中想象，在习作中运用关键词发挥想象编童话故事的能力。

在《那一定会很好》一课的拓展环节可以继续启发学生想象：当他还是一棵树时，他可能还有什么样的愿望？会想些什么？后来又变成了什么？同时引导学生利用线索图，自主设计关键词来想象树变化的经历，引发学生进行创作和设计，这样的读中学写为学生最终编写童话做了很好的铺垫。

单元习作指导时可先利用情节图、流程图等来梳理本单元几篇课文的主要情节。如梳理《那一定会很好》一课要引导学生发现：从一粒种子到阳台上的木地板，它走过了一段怎样的历程？心里又是怎么想的？

我一定要站起来，大口大口地呼吸空气，那一定会很好……要是我能停下来，坐着休息一会儿，那一定会很好……要是能做一棵会跑的树，那一定会很好……要是我能躺下，那一定会很好。

引导学生发现故事都有着反复出现的结构，而且总是反复出现三次；故事中可以设置两个或多个故事角色，利用"双线并行"来设计故事情节；也可以采用对话问答的方式进行。然后，教师鼓励学生积极构思自己的故事，充分展开想象，设计自己的故事流程图。这样的活动化设计，让学生的想象得到了充分的发展，创造力也得到了有效的提升。

3.找准学生课堂生成,提升核心素养

语文教学的任务不仅要提升学生的语文能力,发展学生的思维能力,还要激发学生的想象力和创造潜能。这要求教师要找准教学的起点,确定好语文要素的生长点,训练学生的思维。在这一基础上让学生进行个性化阅读,自由表达阅读收获,积极交流阅读感受,教师在课堂上并不需要过多地讲授。

中年级学生的思维能力已有一定的发展,已具备一些分析、推断的能力,教师要充分解读作者的创作意图,在设计时培养学生的推想思维,把童话故事上得更有意思。

《在牛肚子里旅行》这篇科学童话虽然情节较长,但是读来十分有意思。青头在红头遇到危险时,不顾个人安危想方设法去解救红头。教师在上完课后结合课后练习:画一画,讲一讲。画出红头在牛肚子里旅行的路线,然后再把这个故事讲给别人听。这种方法就非常好地把学生内心丰富的想象过程,通过画图直观地呈现了出来。这不仅培养了学生的推理思维,锻炼了逻辑性,还将故事的趣味性与知识性有机融合,使语言训练和情感体会共生并进。

中年级学生已经初步形成了思辨能力。教师引导学生在自主、合作、探究的过程中对《去年的树》和《那一定会很好》两篇童话进行对比。在比较中学生发现其中的异同点。透过对比,学生不难发现童话的一些共性特点。通过比较,学生从文章内容、语言形式、故事结局、作家国籍等多处比对,让学生在比较中精确概括,提炼关键词,又在反复的朗读、比较等言语活动中加深对文章的理解,得到情感的升华。

(三)《那一定会很好》教学课例

教科书分析:

《那一定会很好》是统编版三年级语文上册第三单元的一篇略读课文,这是一篇童话故事。讲的是一粒种子长成一棵大树,变成手推车、椅子、木地板的一段生命历程。在这个历程中,种子不断产生愿望,而奇妙的是这些愿望竟然都实现了,最后种子在经历完生命的体验之后,又回到了生命的原点,觉得自己又变成了一棵树。这篇课文想象丰富,内容生动,适合学生继续学习在童话中感受作者丰富的想象力,也为学习下一个策略单元"预测"做铺垫。同时课文情节反复,结构清晰,适合引导学生复述课文,讲故事 。让学生体会到种子坦然、乐观的人生态度及愿望实现之后的满足与幸福,引导学生体会生活的美好。

学情分析:

通过前期的学习,三年级的学生已经掌握学习略读课文的方法,即关注导读语,了解学习要求;同时,结合前一篇课文的学习,学生们对于童话课文已有初步了解,但对于童话的最大特点——丰富的想象力,还不是很熟悉,因此,可以通过指导学生去体会种子的愿望和实现愿望之后的变化,感受想象的乐趣,练习对故事进行复述,既是对语用能力的提升,也为本单元编写童话进行了相应的训练。

教学目标:

默读课文,了解从一粒种子到阳台上的木地板的历程。发现本课和《去年的树》相比的相同点和不同点,并进一步感受童话中的丰富想象。

教学重点:

默读课文,了解从一粒种子到阳台上的木地板的历程。发现本课和《去年的树》相比的相同点和不同点,并进一步感受童话中的丰富想象。

教学难点:

能仿照课文的写法展开丰富的想象写一段话。

教学过程:

第一,复习旧知,导入新课。

看图片,你们知道这是哪篇课文吗? (出示《去年的树》课文插图。)能不能说说《去年的树》这篇课文讲了一个怎样的故事? (学生叙述故事情节,回顾旧知内容。)导入:那么今天我们还要学习一篇关于树的童话故事。(板书课题。)

设计意图:以复习旧知的方式导入,将相同题材的两篇童话故事建立联系,激发学生的阅读期待,同时为后面教学环节中的比较阅读埋下伏笔。

第二，初读课文，整体感知。

学生自读课文，借助注音读准字音，读通句子。出示词语：缩成一团、努力根茎、吱吱嘎嘎、把手推车拆了、旧木料。学生认读。（要注意读准"缩"和"茎"的读音。）

第三，默读课文，体会交流。

同学们观察课题上有个什么符号？这类课文我们应该怎么学？引导学生关注课前导读，从导读中发现两项自读任务，同时强调学习自读课文的思路。

设计意图：引导学生完成流程图来梳理故事内容，学生既简单实效地厘清了故事的脉络，又层层深入理解和朗读了课文，既扩大想象的空间，又训练了提炼关键词的能力，进一步落实语言文字的运用。

任务一：默读课文，想一想，从一粒种子到阳台上的木地板，它经过哪些变化？学生将自学结果体现在学习单上。（可以写一写"情节图"，也可以简单画出变化过程。）学生汇报，教师指导学生结合图文把变化历程说清楚。树苗—大树—手推车—椅子—木地板。它为什么总要改变自己呢？让我们从它的心中所想去寻找答案吧。（引导学生找出每次变化之前它是怎么想的）试着让学生抓住句中关键词——动词，体会树不断变化中所追求的幸福与快乐，并带着各自的体会练习有感情朗读。（站起来、会跑、坐下、躺下）结合关键词，学生具体说说树的变化历程，强化学生对"树"的变化的认识，落实任务一

任务二：这篇课文和《去年的树》有哪些相同和不同？学生小组讨论。师生交流，生生互动。

相同之处：同为童话，有着丰富的想象；故事中都有树的角色，并且树都发生了变化，都随着变化故事情节在发展。

不同之处：

《去年的树》	《那一定会很好》
友情	对美好生活的向往
伤感的故事	快乐的故事

对话情节反复　　　　　心理活动情节反复

被动改变　　　　　　　主动求变

设计意图：引导学生在自主、合作、探究的过程中对《去年的树》和《那一定会很好》两篇童话进行对比。在比较中学生发现其中的异同点。通过比较，学生从文章内容、语言形式、故事结局、作家国籍等多处比对，让学生在比较中精确概括，提炼关键词，又在反复的朗读、比较中等言语活动中加深对文章的理解，得到情感的升华。

第三，拓展练笔。

出示大树不同变化的图片，学生展开想象写一段话："当他还是一棵树的时候，他还可能变成什么？"提示：变化之前他是怎么想的？发生了什么变化。学生练笔，教师巡视指导。学生汇报，生生评价。教师总结，凭着同学们的丰富想象，一篇小小的童话故事就这样创作出来了，希望同学们都能喜爱童话，畅游于想象的海洋中。

设计意图：运用流程图借助关键词，想象出树的变化经历，进而启发想象，不仅让学生感受到童话故事丰富的想象，促使学生读懂故事的反复出现的情节结构，实现语用教学的"模仿迁移创造"。

五、寓言教学设计

（一）文体特征

著名作家严文井说："寓言是个怪物，当他向你走来的时候，分明是一个故事，生动活泼，而当他转身要离开的时候，却突然变成一个哲理，严肃认真。"在《现代汉语词典》中，"寓"是寄托的意思，寓言就是用假托的故事或自然物的拟人手法来说明某个道理的文学作品，大多具有讽刺、劝喻或者教训的寓意。寓言故事中，经常使用的方式是隐喻，其表现形式并不是直接向读者展示出来，而是通过使用一些修辞手法表现出来，主要是对日常生活中的价值取向、哲学理念等的反映。

寓言一般具有以下几个特征：第一，篇幅简短。寓言作家往往是从人类社会或自然世界中选取一个最精彩的片段，加以概括和提炼；第二，语言生动。寓言就是一种比喻的艺术，常常用犀利的语言，机智的幽默，实现讽刺和训诫。在表达上常常制造矛盾冲突，借助象征、拟人等多种艺术手法来揭示寓意；第三，形象鲜明。寓言的主人公大多数情况下是具有人格化的动植物，它们通过人物形象这个核心，来反映现实生活；第四，寓意深远。寓言的内容大多是借此喻彼，借古喻今，借小喻大，使深奥的道理从简单的故事中体现出来。

（二）教学策略

寓言故事篇幅短小，语言精练，结构简单，表现力丰富，这些都契合小学生发展的特点。在教学时，教师应基于寓言的文体特点，将寓言的工具性和人文性相结合，引导学生利用文本进行语言积累、语感训练以及语文核心素养的提升。在教学过程中可采用以下教学策略：

1.借助语言，感受形象

寓言故事的遣词造句精练而富于魅力，每一则寓言都饱含着作者的言语智慧。因而在教学时，教师可以通过文本来引导学生积累语言素材，培养学生语言感知能力，进而感受寓言中的人物形象。

如《揠苗助长》中从"巴望""焦急地转来转去"可以体会到农夫盼望禾苗快长大的急切。从"筋疲力尽"中可以感受到农夫拔高禾苗的辛苦。"力气总算没白费"体会出农夫拔高禾苗后的满足与愉悦。通过抓住这些关键词句，进一步理解文本内容，感受人物形象。

2.多种方式，语用迁移

优秀的寓言往往集意境美、思想美、情感美于一体，给儿童以美的享受。寓言自身的特点，使得它与情境教学相契合。因此在寓言故事教学中，教师可以采用多元化的教学模式，如看图想象、角色扮演、讲故事等多种形式，将儿童带入到一定的情境中去，在情境中观察和体悟寓言故事、感悟形象，挖掘寓意。对寓意的理解，需要联系生活，要做到生活化，拉近学生与文本的距离，找到生活中的契合点,将寓意转化为具体的言语交际,让寓意和生活、语用建立联系,使其成为人生指南。

3.思维辩证,展开想象

寓言的思维性很强,寓言教学应发挥其哲理性强、思辨性突出的特点,引导学生展开想象,进行多角度的思维训练,培养学生的思维品质。寓言这种文体与儿歌、童话不同,除了留给学生广阔的形象思维空间,让学生体悟故事中各种角色的悲欢离合、喜怒哀乐,还能让学生跳出形象思维,对故事中的人物、事件进行抽象概括,提炼出蕴含的深刻道理。学生的思维活动在寓言教学中可以更加活跃,教师应抓住寓言教学的这种特点,设计开放而巧妙的问题,引导学生展开讨论、思考和归纳,由寓言引发联想,为学生的思考打开广阔的空间,展开丰富的发散思维,把对社会生活的观察感悟带到学习中来,促进学生思维力的提升。

(三)《揠苗助长》教学课例

教科书分析:

《揠苗助长》是统编语文教科书二年级下册第五单元《寓言二则》中的一篇古代寓言故事。讲的是古时候有个人巴望禾苗长得快些,就把禾苗一棵一棵往高拔,结果禾苗都枯死了。这则寓言故事告诉我们:不顾事物发展的规律,急于求成,反而会把事情办坏。《揠苗助长》的故事情节简单,生动有趣,把深刻的道理寄寓在短小的故事之中。

学情分析:

每一个孩子在幼年时期都读过或听过寓言故事。对于二年级的学生而言,他们已经学过好几篇寓言,对寓言故事有着浓厚的学习兴趣。大多数学生能够通过自主阅读,理解故事的大致意思,但是要悟出故事中所蕴含的道理还存在一定的难度,需要教师在教学中重视创设情境,带领学生感受寓言内容,结合生活实际来读懂寓言,明白其中蕴含的道理。

教学目标：

认识"揠、焦"等6个生字，会写"筋、疲"2个字，会写词语"筋疲力尽"。朗读课文，能用自己的话说出"揠苗助长"的意思。比较句子的不同，能体会词语"焦急"在句子中的作用。

教学重点：

识字写字、朗读课文。

教学难点：

能用自己的话说出"揠苗助长"的意思。比较句子的不同，能体会词语"焦急"在句子中的作用。

教学过程：

第一，揭示课题，导入新课。

揭示课题，理解题意。巩固寓言类故事特点：故事内容很短小，但小故事背后蕴含大道理。指名分段读课文，相机指导学生把字音读正确，句子读通顺。

设计意图："读"是语文学习中一项重要的语文实践活动。在教学中首先指导学生将故事读通顺读流利，这也是走进故事的基础。

第二，初读感知，了解故事。

了解故事起因。问题引导：农夫为什么要揠苗助长？课文哪个自然段交代了故事的起因？指名学生读第一自然段。体会句意及用词的准确：句子中"巴望"这个词语的意思知道吗？若把文中的"巴望"换成"希望、渴望"，合适吗？为什么？指导："巴望"不仅有"渴望、希望、盼望"的意思，还体现出了农夫特别着急的心情，因此"巴望"用在文中更准确一些。利用"焦"字构字特点（"焦"字下面是四点底，就像是燃烧的火）进一步体会"起因"部分内容。同时指导学生关注"巴望、焦急"这两个词语，读出农夫焦急的心情。

了解故事结果。故事的结果是怎么样的？（禾苗都枯死了）

了解故事的经过。为题引导：知道了故事的起因和结果，课文哪几段写了故事的经过？学生自由读2—3自然段，画出留下深刻印象的句子，并思考从中感悟到了什么。全班交流。

设计意图：《揠苗助长》是一则寓言故事，起因、经过、结果是故事的重要组成部分。通过引导学生走进故事，抓住"起因、经过、结果"，为后文引导学生进行言语实践，把故事讲得有序、有趣做好铺垫。

第三，领悟寓意，有序表达。

指导学生把故事讲得"有序"。引导：读懂故事很容易，若能讲出这个故事就有难度了。怎样才能讲好故事？学生交流讲好故事的方法。指导：要讲好故事首先要讲清楚故事的起因、经过和结果，也就是说要讲得"有序"。小组内练习把故事讲得有序，再指名学生练习"有序"讲故事，同时引导学生通过评一评，更清楚如何把故事讲得有序。

设计意：对于故事类文本，培养学生的"故事力"是儿童学习故事类文本的核心素养。讲故事不是简单地将故事背或复述出来，而是要学生将文本语言内化为自己的语言，将故事的起因、经过和结果讲述清楚。

指导学生把故事讲得"有趣"。怎样才能把故事讲得"有趣"呢？指导：要把文中的故事讲得有趣，可以再加上动作、神态的基础上，再凭借文字加上我们的想象，就能把故事讲得生动、有趣。小组内练习把故事讲得"有趣"。创设情境，让一组学生扮演禾苗，指名个别学生练习把故事讲得有趣。交流采访："刚刚教师发现，有些'禾苗'很不愿意被拔起，这是为什么呢？如果你们是禾苗，你愿意被农夫拔起吗？为什么？"引导学生感悟这则寓言揭示的道理：农夫违反了禾苗的生长规律，急于求成，反而把事情弄得更糟，导致禾苗死亡。辨一辨，进一步明白道理。农夫违反的是植物的生长规律，在生活中有没有类似违反规律的事情呢？指导：现在，我们有些家长给孩子报了相关补习班，有人说这是揠苗助长，也有人说这是因材施教。对此，你怎么认为呢？

设计意图：通过创设故事情境，用表演的形式让学生在情境中体会要按规律办事，不可急于求成，否则就会把事情办糟。这些都不是教师课堂上的说教，而是学生在情境中基于领悟的表达。在此基础上，引导学生辨一辨，将生活中的事与故事紧密连接,学生在讲述生活中类似的故事时,进一步培养孩子语言表达能力、思维能力和想象能力。

第四,指导书写,力求美观。

出示生字:筋、疲。交流汇报:说说自己的发现。生字范写:生书空。摆好写字姿势。生书写,巡视指导。讲评,生修改,互相评议。

第五,链接生活,拓展深化。

提供两个图片,引导学生讲《揠苗助长》后来的故事或生活中的《揠苗助长》故事。学生选择其中一幅图,展开想象,编一个有趣的故事,提醒注意说清楚故事的起因、经过、结果,同时适当想象,把故事讲得既有序,又有趣。小组内互相讲故事,全班交流。

设计意图:在教学过程中,通过发挥想象从而续编故事,讲生活中的故事,培养学生的语言学习力、迁移学习力、想象力,让学生在语文课中得言、得意、得理、得法,不断提升学生的语文素养。

六、神话教学设计

(一)文体特征

每一个小学生在上学前,都已经接触了不少故事,其中,神话可以说是最能够引起学生产生无限遐想的故事了。一般认为,神话是远古时期人们对于自然现象的科学原理不够了解,借助于想象,表现出对于日月、山川、河流、风雨雷电等自然现象,或者是对强大能力的崇拜或斗争,以及对于理想的追求或者某种文化现象做出的解释,大部分神话都是通过口头创作的,由人们在口耳相传之间集体创作、完善。神话属于民间文学的范畴,具有相当高的哲学性、文化性、艺术性。可以说,神话并非现实生活的科学反映,而是由于远古时代,人类开始思考与探索自然并结合自己的想象力所产生的。

神话源自人民对于生活中所见、所感的想象,并由此创编出故事,文中所讲述的内容,比历史记载的时期要更为久远,代表了人类文明起源时期的人们对于世界和人类起源问题的原始、朴素理解,通过不同形式的想象对此做出解释。由此产生了不同的神话类别,如"创世神话"解释了世界的起源,如人们熟知的盘古开天辟地;"始祖神话"讲述了人类是如何诞生的,比如女娲造人的故事;"洪水神话"介绍了人类面临洪水时,如何与其抗争、拯救黎民百姓并取得胜利的故事,如大禹治水,展现了人们在自然灾害面前的智慧以及抗争精神;"战争神话"主要记载了远古时期人们对于战争的描述,如黄帝、炎帝和蚩尤之间轰轰烈烈的大战⋯⋯可以看出,神话充分反映出古代的人们对于世界、自然、社会最原始的理解和认识,希望通过自己的幻想、想象,表现出对于未知世界的探索,以及对于战胜、征服自然的想法,对于改变生活、追求幸福的心愿。

神话故事具备象征意义,脱离了时间的羁绊。神话不同于历史,历史的记载依托于真实发生的人物或事件,并通过史书的记载一脉相承。但是神话却脱离了历史的羁绊,神话中的人物大多不死不灭,甚至永恒存在,其象征意义巨大,没有时间的限制。人们今天阅读神话,更多的是感受神话人物、故事中所蕴含的神奇想象、有趣的情节,以及人物所具备的精神品质,不过多关注其中对于时间的描述。

神话具备丰富而神奇的想象。我们都知道,远古人类在文明起源时期,无法借助科学原理对于自然、社会现象做出解释,只能凭借幻想、想象,结合自身对于世界的观察和已有的经验,利用故事的形式讲述内心的想法,可以说是一种特殊的意识形态体现方式,充满浪漫主义色彩。因此,充满想象力也就成为神话文体最显著的特征。

(二)教学策略

顾红霞教师在《让神话故事神采飞扬》一文中曾提出:神话是神奇的:神奇的人物、神奇的力量、神奇的器具,还有心中的神奇感觉。[①]这使得神话蕴含着神秘的色彩,充满着想象的无穷张力,我们在教学中,要关注神话的特点,围绕其"神奇"性这一特点,恰当地选择教学方法,是神话故事教学的最佳选择。

---

① 顾红霞.让神话故事神采飞扬.[J].教育科研论坛.2011(1)

1.展开想象,感悟神话人物的"神奇"

神话故事的情节生动、夸张,因而,其故事的发展、结果往往会超出读者的预料之外,小学阶段的学生长于形象思维,因此童话故事具有强大的吸引力,能够激发起学生学习的兴趣。所以,在课堂教学中,我们可以放手让学生自由读课文,边阅读边发现、想象神话故事的神奇之处,并抓住那些神奇的描写,引领学生品味语言,循着"读—悟—想"这条线,展开丰富的想象,体会故事中的人物形象。

比如《女娲补天》抓住"几天几夜""终于"等词语,启发学生想象在这几天几夜里,女娲会怎么找石头,会遇到多少困难,可以感受到女娲为了百姓无私奉献的精神。在此基础上,诵读那样充满无限夸张和想象的语句,学生通过朗读,可以进一步在脑海里想象当时的场景,浮现一幅幅生动的画面,从而浸润在神话故事的想象空间中,感受神话的魅力和女娲的鲜活形象。

2.复述内容,再现神话故事的"神奇"

小学阶段,对于课文主要内容、情节的复述,是学生言语实践的重要途径。统编教科书中许多神话故事课后都安排了"我用自己的话讲讲这个故事"的练习,如《盘古开天地》课后第一题设计为:边读边想象画面,说说你心目中的盘古是什么样的(边读边想象画面,是整体感悟故事完整形象的过程,这个过程中,通过想象,去感受神话中鲜明的人物形象并说出自己的看法)。《精卫填海》课后第二题为:结合注释,用自己的话讲讲精卫填海的故事(了解故事的起因、经过、结果,学习把握文章的主要内容,整体感受精卫的形象)。《普罗米修斯》课后第二题:按照起因、经过、结果的顺序,讲一讲普罗米修斯"盗"火的故事。(学习把握主要内容)《女娲补天》自读提示:女娲补天这个神话故事,处处充满了神奇的想象。默读课文,说说故事的起因经过和结果。这些要求,除了是在落实"了解故事的起因、经过、结果,学习把握课文主要内容"这一单元语文要素外,同时有助于学生"感受神话中丰富想象和鲜明人物形象"。

教师在教学中要注重通过复述、讲述培养学生的语用能力,在复述、讲述中积累语言。为了增强复述的有效性,改变为了复述而复述的弊端,将复述的方法细化、具体化,比如用"提问题、连答案"的方法简要复述课文内容,用"借助重点词,展开合理想象"的方法详细复述课文。同时,注意复述指导的层级性,先扶学复述一部分内容,引导学生在理解课文的基础上将长句子浓缩成一个短语或一个词,并用最精练的语言表述故事内容,从中领悟简要复述的方法;再从扶到放,引领学生逐步掌握方法;最后归纳方法要领,说一说故事的主要内容。神话教学,需要先进行整体感知,借助起因、经过和结果复述课文内容,尤其是复述清楚离奇曲折的情节,把握神话的神奇特征。如此一步一步进行复述指导,可取得良好效果。

3.读写并举,领略神话语言的"奇妙"

神话题材的课文因富于神奇的想象而充满魅力。这魅力,一方面有赖于想象,另一方面,则有赖于语言的"诗性"和"灵性"。但在平常的教学中,我们往往将教学的着力点放在引导学生感悟故事本身的神奇上,而忽视了其语言表达的特色。因此,教学时,我们要高度关注文本语言特色,透过对语言的品析,引导学生关注神话人物是如何被刻画、塑造的。同时,还要借助课文进行丰富多彩的语言实践。比如《盘古开天地》第四自然段描写盘古倒下后,身体发生变化的句子极富节奏感和想象力,在体察、感受语言的精美和领悟表达特点后,发挥想象,仿照课文写法,补写省略号的内容。除了仿写外,还可以概括每篇神话故事的特点,设计补白、扩充、续写等练习,提高学生语言运用的能力。

(三)教学课例——《普罗米修斯》

教科书分析:

《普罗米修斯》是统编语文教科书四年级上册第四单元的一篇精读课文。这篇课文改写自古希腊神话,讲述了人类因为没有火,生活非常悲惨,天神普罗米修斯为了帮助人类,勇敢地到太阳神阿波罗那里"盗"取火种,遭受了宙斯残酷的惩罚,他不屈不挠,后来得到大力神的救护,终于获得自由的故事。普罗米修斯是为民造福,不惜牺牲自己的精神典范。课文主要通过普罗米修斯的行动、与火神的对话,以及被锁在高加索山上后的表现,来塑造普罗米修斯"就是不向宙斯屈服",不畏强暴,为民造福的形象。整个故事构思巧妙,充满神奇的想象。

学情分析:

四年级下学期学生已经接触过中国的神话故事,但是《普罗米修斯》是小学阶段最早接触的古希腊神话故事,对于中国的学生来说,可能比较陌生,所以放在一定阅读基础上的中年级来学习。教学中可以围绕课文第五自然段组织教学,让学生在自主探究中反复感受文本语言、潜心研读、品词析句,通过想象画面感悟普罗米修斯的高大形象,促进学生对普罗米修斯品质的进一步感悟,引导学生从人物身上去汲取力量,做一个善良、无私、坚强、勇敢的人。同时,引导学生自主梳理整个故事的情节,明确故事的起因、经过、结果。

教学目标:

学习运用连接段意法,概括文章主要内容。品味重点语段,感受神话中神奇的想象。指导学生通过复述故事主要内容,从中感受普罗米修斯的英雄形象。

教学重点:

品味重点语段,感受神话中神奇的想象。

教学难点:

结合故事的主要内容来复述课文,从中感受普罗米修斯的英雄形象。

教学过程:

朗读文中生词。(火种、尽管、肝脏、领袖、惩罚、吩咐、饶恕、鹫鹰、双膝、驱寒取暖、气急败坏、风吹雨淋、挽弓搭箭)

回顾故事中的主要人物。普罗米修斯、宙斯(众神之王)、阿波罗(太阳神)、火神、赫拉克勒斯(大力神)。提示:了解神话故事中的主要人物,有利于学生结合人物关系、对话、行为,充分把握故事的主要内容。

连接段意,概括主要内容。读文章的三个部分,理清课文各部分主要内容和人物关系,试着用自己的语言概括各部分主要内容。第一部分:普罗米修斯从太阳神阿波罗处盗取了火种。第二部分:众神之王宙斯吩咐火神惩罚普罗米修斯,火神劝告普罗米修斯向宙斯承认错误,但是普罗米修斯表示自己绝不屈服。第三部分:普罗米修斯日复一日地受到折磨,最终被大力神赫拉克勒斯解救。文章的三个部分都可以作为一个独立的小故事,初步理解三个小故事之间的联系,从而把三个故事的主要内容连接起来,就构成了这篇课文的主要内容。

设计意图:

对于神话故事的学习是一个由浅入深的过程,整体感知课文内容,理清楚整个故事的起因、经过和结果,形成初步的认知,能为深入体会神话故事所表达的情感找准方向。

第一,研读精彩片段,体会神话特点。

聚焦文章的第六至第八自然段,画出描写普罗米修斯所受的痛苦的句子。

第二,指名朗读这些句子,体会普罗米修斯遭受的痛苦。

普罗米修斯的双手和双脚戴着铁环,被死死地锁在高高的悬崖上。"死死地锁"形象直观,通过这个词语,我们仿佛能感受到普罗米修斯所经历的痛苦。

他既不能动弹,也不能睡觉,日夜遭受着风吹雨淋的痛苦。"既……也……"让人感受到多种痛苦叠加在普罗米修斯身上。

狠心的宙斯又派了一只凶恶的鹫鹰,每天站在普罗米修斯的双膝上,用它尖利的嘴巴,啄食他的肝脏。"尖利的嘴巴"啄食肝脏,读起来让人胆战心惊,"尖利"这个形容词突显了惩罚的残酷。

白天,他的肝脏被吃光了,可是一到晚上,肝脏又重新长了起来。"被吃光""一到晚上""重新长了起来",这些词句让我们真切地感受到普罗米修斯,遭受的痛苦真是无尽无休。

研读第六至第八自然段,找出连接起这三个自然段的句子,体会其作用。"尽管如此,普罗米修斯就是不向宙斯屈服"这个句子承上启下,连接起这三个自然段,让我们的目光聚焦于"这样,普罗米修斯所承受的痛苦,永远没有尽头了。"这三个自然段连在一起看,可以感受到,普罗米修斯所承受的痛苦愈来愈深,可他从未屈服。

朗读第六至第八自然段,体会神奇的想象在段落中的作用。"白天,他的肝脏被吃光了,可是一到晚上,肝脏又重新长了起来。"这句话体现出神话故事中神奇的想象力。这种想象恰如其分地展现出普罗米修斯所遭受的痛苦,也把他的不屈不挠推到了极致。

设计意图:

通过对于关键词句的精读感悟,从"神奇情节"中感受神话想象的神奇,通过这些词语,学生在读过课文后,眼前仿佛浮现出一幅幅生动的画面,想象人物的一言一行,感受人物内心的想法,从而让教材中的文字变成了立体的、生动的、具体可感的神话剧,去理解人物的做法。

第一,感悟人物精神,尝试复述课文。

联系上下文,体会"最严厉的惩罚"的含义。"众神的领袖宙斯得知普罗米修斯从天上取走火种的消息以后,气急败坏,决定给普罗米修斯以最严厉的惩罚,吩咐火神立即执行。"最严厉的惩罚就是第六至第八自然段的内容。

体会人物情感,朗读火神与普罗米修斯的对话。普罗米修斯信念坚定,早就下定决心,宁可承受最严厉的惩罚,也要造福人类,绝不屈服。

再读第一部分,进一步体会普罗米修斯造福人类的英雄形象。"就在这时候,有一位名叫普罗米修斯的天神来到了人间,看到人类没有火的悲惨情景,决心冒着生命危险,到太阳神阿波罗那里去拿取火种。"这句话说明普罗米修斯从一开始就做好了牺牲自己的准备。

第二,尝试复述课文。

设计意图:

通过讲故事或复述课文的方法,不仅可以让学生更为深刻地理解与感受文本,带着自己的感受,加入想象,拓展情节把故事讲得生动曲折神奇,而且让学生在讲故事或复述故事的过程中内化故事内容,感悟神话故事发展的神奇合理,发展语言表达能力。

作业设计：

必做：把普罗米修斯的故事讲给家长听。选做：阅读《金羊毛的故事》《特洛伊战争的故事》《俄狄浦斯王的故事》等希腊神话。

七、纪实文学教学设计

（一）文体特征

纪实文学是一类纪实性叙事文学文体的总称，是一种用文学手段反映客观现实生活的文体。纪实文学以真人真事为基础，通过一定的艺术加工使其兼具真实性与文学性。这种体裁的文章一般以描写先进典型，揭露丑恶事物或反映多彩生活为主。

相对于虚构文学，纪实文学的文体特点主要是既有真实性又有文学性。纪实文学的真实性主要体现在所写的内容上，主要是作者的亲身经历或是作者深入调查采访所得。真实性是纪实文学的基本原则，是其生命所在。但是，纪实文学的真实并不等于原原本本，不等于不做艺术加工，否则，就只有纪实，而不成其为文学了。

纪实文学的文学性首先表现为内容的选择，有的内容被强化，有的内容被省略，并不追求原原本本的记录。纪实文学的文学性还表现在作者思想情感的介入。与新闻报道不同，纪实文学并不是以绝对客观中立的态度去写作的，而是作者将自己的思想情感投射到纪实文学的写作中去，塑造丰满的人物形象，写出丰富的、形象化的细节，使其表现出生活的真相、人性的真相和情感的真相。纪实文学的文学性还表现在写作手法的丰富多样上。结构上，有的借用小说的结构形式，有开端、发展、高潮、结局；有的借用散文的形式，以主题思想的论述为主线组合不同的材料。材料安排上，常常把最感人、最精彩、作者感受最深或最容易打动、吸引读者的关键材料放到显著位置。当然，这里的显著位置并不一定指开头或结尾，只要是着力突出的位置都可以。在人物形象的塑造上，往往把人物放到广阔的社会背景、历史背景中，发掘人物形象的普遍意义。此外,还注重人物描写、环境描写等,刻画有血有肉的人物,描绘如临其境的画面。

（二）教学策略

小学语文教科书中的纪实类文章一般为红色经典,如《狼牙山五壮士》《开国大典》等。这些课文往往有较强的政治意义,思想教育的价值较大。在教学中,容易出现过分重视内容分析的情况。针对此问题,在纪实类文章的教学中应该重视语言习得,实现人文性与工具性的融合。同时,在教学中应抓住纪实类文章兼具真实性与文学性的特点进行教学设计,使学生在阅读中感受到纪实文学的独特魅力,并深刻领会文章的内容及思想感情。

1.习得语言

纪实类文章的学习不能仅仅停留在价值意义的分析上,语文课终究还是要上成语文课,从课文中学习语言是极为重要的。语言学习是学生能动地把课文的规范语言内化为自己的语言的过程,这个过程的主体是学生,学生的读、悟、积累是促进语言内化的关键。因此,在教学中我们应当引导学生发现纪实类文章中的关键语句、典型写法,引导学生自读自悟,再现语言形象,活化语言内涵,从而习得语言。

2.还原背景

由于纪实类文章是以真人真事为基础的,因此,教学中要注意对文章背景知识的了解。对纪实类文章而言,脱离背景知识是无法真正领会文章的思想感情的。对背景知识的了解应以学生自主搜集资料为主,教师可给予一定的支持。需要注意的是,学生对背景知识的了解不宜"求全",只要足够读懂文章就可以了。如果陷入背景知识的深入了解,就容易本末倒置,淡化了纪实类文章本身的学习。这个"度"的把握,有赖于教师在课前对预习任务的精准布置,以及对学生课上交流的适度调控。

3.联系现实

纪实类文章的文学性是建立在真人真实的基础上的,因为真实,所以动人。因此,在教学中要注意引导学生联系现实生活,用现实生活的视角来体会文章对人物与事件的刻画。这样,才能把握好纪实类文学的"真"。有了这种"真",才能进一步去体会纪实类作品的"善"和"美"。在教学中,可以引导学生把自己的生活经验带入到纪实作品中去,去感受文中人物言行、心理的真实性,加深对文章的体会。有的纪实作品中的人物还生活在现实中,或者留有纪念,在教学中联系这些内容,也可以加强纪实类文章的现实感。

(三)教学课例——《狼牙山五壮士》

教科书分析:

本文讲的不仅仅是五位壮士的英雄事迹,更是一个民族面对外族侵略所表现出的毫不畏惧、宁死不屈的民族尊严和气贯长虹的英雄气概。全文按照事情发展的顺序记叙,条理分明、重点突出、详略得当,依全文顺序可概括为:接受任务—痛击敌人—引上绝路—顶峰歼敌—跳下悬崖。其中第二四五部分是详写,其余为略写。

这篇文章的言语中有几处需要细细地咀嚼。一是文章为什么称五位战士为"壮士"?"战士"的意思就是士兵,就是参加作战的人,是个中性词;而"壮士"一词,是指意气豪壮的勇士,是个褒义词。我国历史上被称为壮士都是为世人所景仰的人。所以"壮士"一词本身就是一种讴歌和颂扬。二是在本文中五壮士有过一次重要的选择,他们完成任务后,是去追赶部队,还是继续把敌人引开?他们选择了后者。难道他们没有考虑到后果吗?这里值得学生细读品味。三是作者在叙述第二次战斗时不断地进行转折,跌宕起伏的文笔凸显了战斗的悲壮。

学情分析:

五年级学生对于这段历史不够熟悉,因此这节课的教学一定要建立在对历史的了解的基础上。另外,五年级学生要经历一个从局部到整体的阅读视角的变化,因此,教学要从局部仰望篇章。

教学目标:

有感情地朗读课文,品味语言,发现文中关键词句,体会五位壮士的精神。

细读文本,通过对文章中转折的体会,感受人物品质,升华主题。结合资料阅读文本,并结合实际生活站在今天的视角谈读文感受。

教学重点:

有感情地朗读课文,品味语言,发现文中关键词句,体会五位壮士的精神。

教学难点:

细读文本,通过对文章中转折的体会,感受人物品质,升华主题。

教学过程:

第一,复习导入。

回顾课文主要内容,复述五个小标题。指名读前两个部分。

第二,深入第三部分。

自由读文章第三部分,划出让自己深有感触的句子。讨论重点句——为了不让敌人发现群众和连队主力,班长马宝玉斩钉截铁地说了一声:"走! 带头向棋盘陀走去。"抓住"斩钉截铁""走"体会班长马宝玉的坚决态度。

设计意图:"斩钉截铁"地说了一声"走"是非常典型的人物描写,语言简练、有力,引导学生从这个句子中感受语言的力量,有助于习得语言,并加深对课文的体会。

分析段落结构。师:班长这斩钉截铁的一声"走"其实是一种选择,他是怎样做出这样的选择的,让我们回到前文,在两条路的叙述中,或许还包含着更多引人深思的内容。"面前有两条路:一条通往主力转移的方向,走这条路可以很快追上连队,"读到这里,你有什么感受?(五位壮士仿佛很快就要追上连队了)"可是敌人紧跟在身后。"这句话一出现,你又有什么感受? 这条路还能走吗? 读一读,你能体会到这当中的转折吗? "另一条是通向狼牙山的顶峰棋盘陀,那儿三面都是悬崖绝壁。"五位战士望向这条路,你觉得这是一条能走的路吗? "走哪条路呢?"现在你再读一读? 你觉得对五位战士而言,这是一条路吗? 这是一条怎样的路? 再读一读这两句话,你体会到这生与死的转折了吗?

设计意图:纪实类文章的教学应尽量使学生在现实的视角下,去体会人物的言行。这篇课文的第三自然段实质上写了几位战士在生与死这个问题上的抉择，这个抉择越是艰难就越真实。通过品味语句中的转折，可以深刻体会人物的精神，并体会到纪实类文章对人物内心世界的刻画。

联系篇章结构。师：读出了这一部分的转折，请大家再联系一下篇章，看看在这之前、之后，作者对五位战士的称呼有什么变化？（战士、壮士）

第三，体会第四部分、第五部分。

课文第四部分的战斗就是壮士的战斗了，默读课文，你发现这一部分写得有什么特点？

结合重点句交流讨论。开始的战斗描写比较简略，子弹很快打完了。顿时，石头像雹子一样带着五位壮士的决心，带着中国人民的仇恨，向敌人头上砸去。山坡上传来一阵"叽里呱啦"的叫声，敌人纷纷滚落深谷。没有子弹，还有石头。既有波折，又显出力量。没有石头，手榴弹掷出了最后一击。五位壮士屹立在狼牙山顶峰，眺望着人民群众和部队主力远去的方向。他们回头望望还在向上爬的敌人，脸上露出了胜利的喜悦。没有了任何武器，他们还有信念。"眺望""望望"显示出战士对敌人的轻蔑，对同胞对祖国的热爱。读一读五位壮士气壮山河的声音。

设计意图：通过分层次地朗读与交流，引导学生感受到这一部分的层层递进之感，进一步体会纪实类文章通过谋篇布局，突出最感人的事迹的特点。

总结写法。最后的战斗充满了波折，凸显出跌宕起伏的壮烈感。

第四，积累词语，品味语言。

找出文中的四字词，赞美五位壮士。教师出示文中描写敌人的词语，师生体会其中的不同，品味出文章爱憎分明的语言风格。

第五，升华主题。

出示纪念抗战胜利70周年阅兵式上"狼牙山五壮士"连队方阵的图片，学生谈体会。

设计意图：出示纪念抗战胜利70周年阅兵式上"狼牙山五壮士"连队方阵的图片，进一步强化了这篇文章纪实类文章的属性。拉近了文章与现实的距离，增强了"真实"带来的震撼感。有助于学生深入体会狼牙山五壮士精神永垂不朽、代代相传的深刻意义。

八、小说教学设计

（一）文体特征

小说是以刻画人物形象为中心，通过完整的故事情节和环境描写来反映社会生活的文学体裁。人物、情节、环境是小说的三要素。情节一般包括开端、发展、高潮、结局四部分，环境包括自然环境和社会环境。小说按照篇幅及容量可分为长篇、中篇、短篇和微型小说。小说与诗歌、散文、戏剧，并称"四大文学体裁"。

小说是以塑造人物形象为中心的，一般借助于情节和描写来塑造人物。其中情节的设置除了开端、发展、高潮、结局以外，还常常体现出矛盾与冲突，情节的发展也正是矛盾与冲突不断激化，最终解决的过程。在这个过程中，人物的深层心理、非常规心态暴露出来，才更打动人。小说中的描写人物手法多种多样，包括肖像描写、语言描写、行为描写、神态描写、心理描写、细节描写、侧面描写等。不同的作品在表现不同人物时会对描写方法有不同的侧重，但总的来说，每篇小说都会综合运用多种人物描写方式来塑造人物。

小说中的环境描写同样服务于人物塑造，一般可分为自然环境描写和社会环境描写。环境描写常常可以揭示人物心情、表现人物性格、渲染气氛及推动情节。小说所描写的环境并不都是静态的，自然环境和社会环境都可能在情节的推进中发展变化。

（二）教学策略

小说以刻画人物形象为中心，小说教学也应以体会人物形象为中心。体会人物形象的切入点可以是人物描写，也可以是环境描写，还可以是情节的发展。

1.品味人物描写

人物描写是对小说人物的直接刻画,是最容易抓住的重点,在教学中应让学生自主品味,在生生交流中说一说自己对人物的印象。常见的人物描写主要是动作描写、语言描写、神态描写、外貌描写、心理描写,在交流中,教师可以根据不同的描写方式引导学生从不同角度去品味人物形象。动作、语言、神态的描写都或多或少的与人物的心理活动有关,因此,品味人物描写,要能从动作、语言、神态描写中体会人物的心理活动。

小说中的外貌描写往往表明了人物的身份以及人物的性格,这一点是学生容易忽视的,需要在教学中予以重视,引导学生把人物的外貌和性格联系起来。心理描写一般是人物的内心独白,在小说跌宕起伏的情节中,心理描写常常展现人物内心的矛盾冲突,在教学中,要注意矛盾心理的梳理。

2.关注环境描写

环境是小说三要素之一,关注环境描写是小说教学的题中应有之义。小说中的环境主要是自然环境和社会环境,不论哪种环境描写都不是凭空出现的,都对情节的发展和人物的刻画有作用。例如,一场山洪也许意味着生死抉择,整洁的家庭环境也许意味着主人的勤劳,茫茫无际的大海也许意味着漫漫无期的孤岛生存,新年的钟声也许意味着悲惨地死去……在教学中,应启发学生发现环境和人物的关系、环境和情节的关系,感受到环境描写的作用。

除了关注自然环境描写和社会环境描写,我们还应注意到环境的发展和变化。在教学中,可以把环境描写放在一起比较,可能就会发现诸如雨势越来越大、天气越来越干旱、人们的生活越来越穷困等变化,发现了这些情节的发展和变化,才能更好地理解小说。

3.体会情节发展

许多教师在教学中重视了人物描写和环境描写,常常有意无意地淡化情节的教学,甚至认为过分关注情节是"内容分析式的教学",这是不可取的。情节的推进往往是小说最吸引人的地方,是小说的主线,也是塑造人物形象的关键。

因此,理清情节的发展,体会到情节从开端到发展,再达到高潮、结局的过程是非常重要的。需要指出的是,体会情节的发展关键在于内心的感受,可通过朗读、交流等方式引导学生深入小说情节。要尽量避免在课文中机械地划分"开端、发展、高潮、结局",这样反而会损害学生的阅读感受。

4.感悟人物、环境、情节的统一

人物、环境、情节作为小说三要素其实是统一的,是不能割裂开来的,体会到情节的发展与人物、环境的关系在小说阅读中是非常重要的。在教学中,应当把人物、环境、情节这三要素结合起来,不可偏废。在试图把这三个要素结合在一起的时候,可以抓住情节这条主线,把人物描写、环境描写放到情节的发展中去体会,比较在不同的情节中,人物描写有什么发展变化,环境描写有什么发展变化,从而加深阅读的感受。

(三)教学课例1——《金色的鱼钩》

教科书分析:

《金色的鱼钩》是统编语文教科书六年级下册第四单元的一篇略读课文。课文是一篇小说,主要讲述了红军长征途中,一位炊事班长牢记部队指导员的嘱托,尽心尽力地照顾三个生病的小战士过草地,不惜牺牲自己生命的感人故事,颂扬了红军战士忠于革命、尽职尽责、舍己为人的崇高品质。

作为略读课文,本文与精读课文《十六年前的回忆》有一些相似之处。一方面,两篇文章都表现了革命志士坚定的理想信念;另一方面,两篇文章都通过描写人物的神态、言行表现人物的品质。

学情分析:

六年级学生已具有阅读长文的经验,对于《金色的鱼钩》这样的课文,是可以通过自主阅读把握文章主要内容的。对于人物描写,学生也有了一些认识,可以从人物的言行中感受人物的品质。学生对长征有一定的了解,在阅读中调用平时积累的资料可以加深对文章的理解。

课文对老班长的描写一直在随着层层推进的情节发生着微妙的变化。这是学生不容易发现的,但经过简单的提点,学生应该可以在阅读中感受到这一点,这有利于培养学生从篇章层面俯视课文的思维。

教学目标:

默读课文,概括课文的主要内容。关注人物的言行,体会以老班长为代表的革命先辈的革命精神。

教学重点:

关注人物的言行,体会以老班长为代表的革命先辈的革命精神。

教学难点:

把老班长的言行放到情节的发展中去体会,从而深刻感受人物的精神。

教学过程:

第一,导入新课。

请学生围绕"长征"一词展开联想,说一说自己读过哪些长征故事,讲一讲红军的长征有多艰苦。导入新课:今天,我们就来了解一个红军过草地时发生的感人至深的故事。(板书课题,学生齐读。)

第二,整体感知,聚焦学法。

学生快速默读课文,尝试把课文分为几个部分,概括各部分的主要内容。小组交流:课文主要写了什么?文中的哪个人物最令你感动?小组交流后,教师组织学生汇报交流结果。师生交流:联系之前学过的《十六年前的回忆》,你觉得两篇文章有什么相似之处?预设:两篇文章都表现了革命者的高尚品质。两篇文章都是通过人物言行表现人物品质的。提示方法:读这篇文章时,要关注老班长的言行,体会他的品质。

设计意图:这一部分引导学生比较《金色的鱼钩》与《十六年前的回忆》,意在让学生迁移运用阅读时关注人物言行,体会人物品质的阅读方法。同时,也是选择以人物描写为切入点,去体会人物形象。

第三,品味言行,感悟品质。

自读课文,记录感受。默读课文,注意描写老班长言行的句子,把令你感动的地方画下来,并用批注记录自己的感受。

朗读句子,交流感受。引导学生梳理老班长令人感动的言行,有感情地朗读课文,交流读后的感受。在交流中,教师随机总结学生的发言,并请学生把要点写在磁力黑板贴上,然后贴在黑板上。

预设学生可能会交流以下句子:

他摸了摸嘴,好像回味似的说:"吃过了。我一起锅就吃,比你们还先吃呢。"预设:虽然可以钓鱼吃,但情况并不乐观,老班长用善意的谎言稳定大家的情绪,令人感动。老班长的行为引起了小梁的怀疑。要点:说谎。

他坐在那里捧着搪瓷碗,嚼着几根草根和我们吃剩下的鱼骨头,嚼了一会儿,就皱紧眉头哽咽下去。预设:老班长要优先保证伤员的营养,但自己也饥饿难忍,于是强吃下这些难以下咽的鱼骨头,令人感动、心疼。小梁目睹了这一幕,替老班长感到难受。要点:吃鱼骨。

课文第13自然段。预设:老班长要完成党交给的任务,不论多苦多难,哪怕牺牲自己,也要不负所托,带战士们走出草地,话语真诚感人。小梁明白了老班长的心意,但也更为他担心。要点:坦白。

老班长看到这情况,收敛了笑容,眉头拧成了疙瘩。他说:"怎么了,吃不下?要是不吃,咱们就走不出这草地。同志们,为了革命,你们必须吃下去。小梁,你不要太脆弱!"最后这句话是严厉的,意思只有我知道。预设:老班长为了让战士们吃下鱼汤,用命令的语气提出要求,语气虽然强硬,但非常感人。小梁和战士们都被老班长的行为感动了,淌下了热泪。要点:命令。

"当我俯下身子,把鱼汤送到老班长嘴边的时候,老班长已经奄奄一息了。他微微地睁开眼睛,看见我端着的鱼汤,头一句话就说:' 小梁,别浪费东西了。我……我不行啦。你们吃吧! 还有二十多里路,吃完了,一定要走出草地去!'"预设:老班长直到牺牲也没有喝鱼汤,用自己的生命去完成党交给的任务,临终之际仍不忘嘱托战士走出草地去。战士们万分悲痛,牢记老班长的嘱托。要点:牺牲。

学生再次浏览课文,体会老班长的精神。请学生按照课文的顺序排列黑板贴。启发思考:看一看文章对老班长一次又一次地描写,想一想老班长的身体有着怎样的变化,他在你心中的形象又有着怎样的发展变化。预设:一次次描写,显示了老班长身体的衰弱,也显示了他精神的伟大,他的形象越来越高大了。

请学生总结老班长的精神。说一说老班长是一个什么样的人? 你是从他的哪些言行体会到这种精神的? 教师板书:忠于革命、尽职尽责、舍己为人。

设计意图:这一部分揭示了"说谎""吃鱼骨""坦白""命令""嘱托"等情节虽然内容相似,却层层推进,步步发展的特点。在情节的推进中,老班长的人物形象也一点点地高大起来。学生把人物的言行放到情节的发展中去体会,深刻感受老班长的精神。

第四,调用资料,加深理解。

聚焦课题,引发思考。提问:为什么说这个鱼钩"闪烁着金色的光芒"? 作者以"金色的鱼钩"为题有什么深意? 明确:课题"金色的鱼钩"既是行文的重要线索,记录着老班长可歌可泣的英雄历程,同时彰显了课文的主旨,"鱼钩"闪耀着老班长金子般的思想光辉,象征着老班长革命精神永垂不朽。

调用资料,加深理解。提问:读了这篇课文,你又想起了哪些长征途中感人的事? 引导学生深入理解:金色的鱼钩不仅仅代表着老班长一个人的精神,更代表着千万红军战士忠于革命、尽职尽责、舍己为人的精神品质。

设计意图:调用资料意在进一步明确小说的社会环境,这篇小说对自然环境的描写较多,对社会环境的描写较少,但"长征"两个字本身就已经勾勒出了整个事件的宏大历史背景。通过拓展资料,进一步挖掘小说的深刻意义。

布置作业。必做:熟读课文,把这个故事讲给家人听。选做:阅读长征中感人的故事。

第六章 语用教学的实施策略

　　语用教学是一个"年轻"的概念，如何将语用教学切切实实地落实到实际教学中是近年来语文教育工作者竞相探讨的问题。基于长期的理论探究和大量的课堂实践，笔者按照教学目标由浅及深的顺序提出了一个连续且完整的语用教学实施策略。首先是引导学生感知和理解语言文字的魅力，发现语言形式的特点，然后创设情境让学生实现语言形式的迁移与拓展。鼓励学生在语言实践中运用习得的语言知识，与原有的知识体系建立联系，最终实现新知识的灵活运用与自我创生。本章将结合具体课例对上述语用教学过程做逐一解读。

第一节　语言文字的理解

　　"语用"不是简单运用,而是包含着理解的运用。这不仅是简单的对内容的理解,更包含了对语言文字特点、规律及方法的理解。因此,要从语言内容和语言形式两方面理解。

一、语言内容的理解

　　就学生阅读过程的心理机制而言,语言内容的理解是从信息获得的"最低"水平(感觉材料)开始,逐步连锁向上到"最高"水平(意义结构)的分析过程。学生读一篇文章,首先感知的是语言文字,由字到词,由词到句,由句到段,由段到篇,才能逐步理解文章,进而把握文章表达的思想感情。不同学段,《课程标准》对"理解"的定位是有层次的。

　　第一学段能结合上下文和生活实际了解课文中词句的意思,在阅读中积累词语;第二学段能联系上下文,理解词句的意思,体会课文中关键词句表达情意的作用;第三学段能联系上下文和自己的积累,推想课文中有关词句的意思,辨别词语的感情色彩,体会其表达效果。"了解""理解""推想",不同学段"理解"的层次不同。

　　低年级可借助图片、联系生活了解词句的意思。如《荷叶圆圆》中借助插图、联系实际了解"停、摇、透"等词语的意思;还可以通过做动作了解"躺、展开"等词语的意思。对于篇幅较长的课文,可以根据已知内容做出判断,建立信息完整的意识,进行逻辑训练。如《动物王国开大会》一课,篇幅较长,教学时可抓住情节反复的特点,借助插图梳理内容,根据已知内容作出判断,进而读懂文章。

中年级可借助关键语句理解一段话的意思;联系生活经验、联系上下文理解难懂的句子和词语。如三年级下册《富饶的西沙群岛》一课,通过师生合作读的形式让学生自己去领悟的"围绕一句话写具体"的表达方法。

高年级可通过了解人物的思维过程,加深对课文内容的理解。如《田忌赛马》一课,可以推测孙膑当时的思维过程,从而理解他为什么想出这样的妙计;可以借助相关资料,理解语言内容。如《好的故事》,结合"阅读链接"中的材料,理解课文最后两个自然段的含义,从而知道了作者的理想与现实的矛盾,但仍愿在黑暗的现实中,强烈追求美好的事物。

对于含义较深的词句,要联系上下文和生活经验进行推测,要意会言外之意,弦外之音,体会其在文章中的作用。如四年级下册《白鹅》一文中,作者丰子恺用大量的反语表达出对白鹅的喜爱之情。如称白鹅为"高傲的动物""我们这位鹅老爷";替它添饭,站着侍候时"不胜其烦",说它"架子十足",看上去似乎都含有贬义,但其实言语间流露出的是对白鹅的亲昵和喜爱,写出了这只鹅虽然高傲,却个性鲜明,惹人喜爱的特点。教学中要引导学生理解作者语言运用的意图,在引导学生思考作者对白鹅的态度到底是喜欢还是讨厌时,可以做出如下的设计:

联系上下文,在分类对比中,体悟作者对鹅的偏爱。

出示句子:"好一个高傲的动物!"提出思考问题:丰子恺对白鹅的态度到底是喜欢还是讨厌呢?

小组合作讨论:通过作者对白鹅叫声、步态、吃相三方面的描述,你体会到了作者对白鹅的情感是什么?

自学要求:默读课文第3—7自然段。找一找:作者把白鹅和哪些动物进行了联系和比较?这些动物都有怎样的表现?根据课文内容,填写表格。

	白鹅的表现	其他动物的表现	作者对比的目的是什么?	作者对白鹅的情感是什么?
叫声				
步态				
吃相				

合作学习要求:思考作者联系其他动物对比的目的是什么? 由此可见,作者对白鹅是怎样的态度?

学生交流。预设:虽然作者语言上看似是写鹅的缺点,却从字里行间流露出对白鹅深深的喜爱。

教师总结:明贬实褒,更加突出了作者对白鹅的喜爱之情。

引导联系实际:鹅本身的特点加上作者准确生动、幽默风趣的语言,使我们更加感受到这只鹅的与众不同,请你把喜欢的语句多读几遍,试着背下来。

二、语言形式的理解

歌德说"内容人人看得见,含义只有有心人得知,而形式对于大多数人而言,是一个秘密。"我们在阅读教学中要既关注文章内容,又要关注语言形式,语用教学也应如此。教学中需要教师敏锐地发现并捕捉蕴藏在文本的语言训练点,把握语言形式,进而设计听说读写的实践活动。具体地说,语言形式的理解包括语言结构和表达方式两个方面。

(一)对语言结构的理解

语言结构主要是指词与词、句与句、段与段之间的关系及文章的布局谋篇。理解了词句段篇的结构特点及表达效果,对提高学生的语言运用能力至关重要。如《秋天的雨》中"黄黄的叶子像一把把小扇子,扇哪扇哪,扇走了夏天的炎热。""扇哪扇哪"的语言结构需要引导学生把握并体会表达效果;《荷花》中"有的才展开两三片花瓣儿,有的花瓣儿全展开了,露出嫩黄色的小莲蓬。有的还是花骨朵儿,看起来饱胀得马上要破裂似的。"排比句式的使用将荷花的多姿多彩展现得淋漓尽致；《颐和园》中移步换景的方式结构全篇；《北京的春节》按照时间顺序组织材料，材料安排详略得当等。教师要引导学生发现语言结构，把握语言形式。如《画家和牧童》中，众人对画家的纷纷夸赞中就暗含着语言结构。可做这样的引导：

师：戴嵩真是画技高超，怪不得围观的人纷纷夸赞。他们都夸什么了？谁来读读？

生：围观的人看了，纷纷夸赞。"画得太像了，画得太像了，这真是绝妙之作！"一位商人称赞道。"画活了，画活了，只有神笔才能画出这样的画！"一位教书先生赞扬道。

师：我们来读这两句话，你觉得哪一种说法更好。（出示句子）

"画得太像了，画得太像了，这真是绝妙之作！"一位商人称赞道。

"画得太像了，这真是绝妙之作！"一位商人称赞道。

生：第一种好，用了两个"画得太像了"，说明画得特别好，真的很像。

师：对，反复强调，让我们感觉真的画得很像。文中这样的句子还有没有？

生：画错啦！画错啦！

师：是啊！小牧童接连用了两个"画错了"，强烈表达了自己的看法，我们快去看看究竟是哪里画错了。接着读

……

（二）对表达方式的理解

表达方式主要包含叙述、描写、说明、议论、抒情。每种方式都具有独特的表达效果。对于记叙文教师应帮助学生理清文章的叙述顺序，揣摩文章是如何进行描写的，并学习运用这些知识。写人的记叙文应教给学生如何描写人物的语言、动作和神态等反映人物特点；记事的记叙文应让学生知道，写一件事要交代清楚时间、地点、人物，按照起因、经过、结果的顺序记叙；写景状物的文章，应按一定的顺序，抓住特点，通过生动的描写（比喻、拟人等修辞，准确、鲜活的词语）将特点写具体。对于说明文，教师应帮助学生了解简单的说明方法，知道这

样说明的好处是什么。此外还应了解说明文严谨、准确的语言特点。教师要引导学生领悟表达方式，为语言的运用做好准备。如统编教科书四年级下册《猫》一课，作者抓住猫的特点，通过生动的描写将猫的"古怪"这一特点写得很具体。教师在教学中可做如下设计：

第一，体会喜爱之情 感悟表达特点

体会猫的"古怪"。圈画词语：课文的第一部分中有很多体现猫古怪的关键词。比如，第二自然段写猫又"老实"，又"贪玩"，又"尽职"。请你快速默读第三、第四自然段，找一找这样的词，把它们圈出来。

你发现了吗？猫高兴时"温柔可亲"，不高兴时"一声不出"。它"什么都怕"，又"那么勇猛"，真是古怪！

第二，聚焦第二自然段，体会表达特点，感受喜爱之情

提出问题：老舍先生是怎么把猫的古怪写清楚的呢？

发现清晰的转折：（出示第二自然段）来看一看课文的第二自然段，这段话中反复出现了"说……吧……的确……可是"。数一数，这几个词语出现了几次？两次。这说明，这段话的意思转折了几回？两回。而每一次转折，作者也都写得很具体。这样就把猫的古怪写清楚了。

体会具体的事例：来看猫的"老实"。猫有多老实呢？它"成天睡大觉""无忧无虑""什么事也不过问"。作者写得很具体，我们完全有理由相信"它的确有时候很乖"。

可是，它又有多贪玩呢？请你注意语段中的"任凭……也……"，这里的"任凭"当"不论，不管"讲。猫出去玩，一走就是一天一夜，不管谁怎么叫它，它也不回家。所以，"说它贪玩吧，的确是啊"。

接下来，请你注意"屏息凝视"这个词语。为了不惊动狡猾的老鼠，不错过老鼠的一举一动，猫一直静悄悄地，不出声息，目不转睛地看。这就是"屏息凝视"。它"非把老鼠等出来不可"，多么尽职！

小结：清晰的转折加上具体的事例，课文的第二、第三、第四自然段都运用

了这样的写法,作者这样写多清楚,多生动啊!还有这些语气词——"吧、啊、呢",这些口语化的语言体现了老舍先生的语言风格,让人感到自然而亲切。如果你也想写一个"古怪"的小动物,就学着这段话的样子去写吧!

第二节　语言形式的仿写

阅读教学设计,从选择学点时,就要关注语言表达的样式特点,精心设计引领学生感悟、运用的过程,密切阅读与练笔的关系,实现最优效果。这就需要教师独具慧眼,挖掘隐藏在文本的语言训练点,进而设计基于文本语境的仿写训练。

仿写是阅读教学中最常见的练笔形式。学生有着天然的模仿才能,对于文本中出现的精彩片段,教师除了引领学生反复"诵读咀嚼"优美的语言外,还要巧妙地抓住语言形式,让学生仿写,以达到积累语言从而运用语言的目的。

一、句子仿写

句式仿写是最常见的语用练习形式。通过模仿文中已有的语句的形式,再另外写出与之相仿的句子。可以是结构形式的,可以是修辞运用的,还可以是表达效果的。低年级教科书中没有单元导语页,语文要素的落实需要结合单元训练重点,把握课后习题,挖掘语言训练点。这对教师的文本解读能力是一种锻炼和提升。低年级的教科书教学内容看似简单,但其中需要探究的语言训练点是非常丰富的。在语用教学中,我们不仅要落实课后训练,还要通过创设情境,引导学生进行语言的加工,改造,进而形成自己的表达方式。如统编教科书一年级上册《比尾巴》课后练习有两项,一是朗读课文,背诵课文。二是照样子做问答游戏。我们可以基于第二个课后练习,通过"创设情境—规范表达—拓展延伸"进行语用教学:

第一,回忆课文,创设情境。

师:学生们,在儿歌中都有哪些小动物在比尾巴呢?

生1:比尾巴的有猴子、兔子和松鼠。

生2:比尾巴的还有公鸡、鸭子和孔雀。

师:是啊,动物王国中的小动物们听说了这个比赛,也纷纷来参加。你瞧,从森林之王老虎到采蜜能手小蜜蜂,大大小小的动物都来参加比赛了。他们的尾巴又有什么特点呢?(出示图片)

生3:老虎的尾巴有力气!

生4:小猪的尾巴卷卷的!

生5:蜜蜂的尾巴像根针!

第二,仿照课文,规范表达。

师:你们能仿照课文中的形式,自问自答来说一说吗?如谁的尾巴卷?小猪的尾巴卷。

生1:谁的尾巴粗?鳄鱼的尾巴粗。

生2:谁的尾巴细?水牛的尾巴细。

生3:谁的尾巴像根针?蜜蜂的尾巴像根针。

师:说得特别棒,比尾巴的小动物还真不少。请你来做小作家,自己编儿歌的两个小节,第一个小节问三个问题,第二个小节回答这三个问题。

第三,发挥想象,拓展延伸。

师:你们都是小作家!瞧!动物王国又开展了几项大赛,有的比鼻子,有的比脚丫,还有的比羽毛,你能仿照刚才的例子编写一个或两个小节吗?可以给你的写话配上插图。快来动笔吧!

生1:谁的鼻子长又长?谁的鼻子戴圆环?谁的鼻子长在头顶上?大象的

鼻子长又长,小牛的鼻子戴圆环,鲸鱼的鼻子长在头顶上。

生2:谁的尾巴长?谁的尾巴短?谁的尾巴像把伞?谁的羽毛多?谁的羽毛少?谁的羽毛最好看?猴子的尾巴长,兔子的尾巴短,松鼠的尾巴像把伞。燕子的羽毛多,麻雀的羽毛少,孔雀的羽毛最好看。

二、段式仿写

段落是篇章的基础,要想写好文章,段落训练是必不可少的。中年级在阅读教学中要着重培养对文本做出解释的能力和初步把握主要内容的能力。为了逐步培养学生的整体把握能力,中年级前期,要加强段的训练,培养归纳段意、理清段序、揣摩写法的能力。统编教科书中有很多精彩的段落描写,有的是从描写方法上的,如外貌描写、心理描写、动作描写、环境描写等;有的是写作方法,如先总后分、先概括后具体、围绕一个意思写。结构段按时间顺序、空间顺序、事情发展顺序等,都可以用来进行仿写。段式仿写一般教学过程为:理解段意—理清段序—揣摩写法—创境迁移。以统编教科书三年级下册《富饶的西沙群岛》教学片段为例。

第一,理清段序,揣摩写法。

师:要说西沙群岛海底数量最多的还是——鱼。

师:鱼成群结队地在珊瑚丛中穿来穿去,好看极了:有的……有的……有的……有的……各种各样的鱼多得——(生接读)

师:想不想看看这些形态各异的鱼呀?一起看看吧!(播放录像)看过之后,你有什么感受?

生:鱼太多了,真是多得数不清。

师:鱼的数量多。

生:鱼的形态各种各样,非常漂亮。

师:鱼的种类多。

生:鱼在水里是一群一群的。

师：那叫成群——结对。

师：录像中有很多种类的鱼都是书上没有介绍的,你记住了哪种,能说一说吗?

生：有的身体细长,像一把梭子。

师：从它的形态说。

生：有的满身都是金色,泛着光亮。

师：从它的颜色说。

生：有的藏在贝壳里,摇着尾巴游来游去。

师：从它的活动说。

师：让我们伴着优美的画面,动听的音乐,再来读一读,看教师的手势。

生：鱼成群结队地在珊瑚丛中穿来穿去,好看极了。生接有的……有的……有的……有的……像皮球一样圆。各种各样的鱼——生接"多得数不清"正像人们说的那样——生接西沙群岛的海里一半是水,一半是鱼。

师：真美啊! 你知道人们为什么这样说呢?

生：因为鱼太多了,没法数清楚,所以这样说。

师：对,用这种夸张的写法表示鱼的多。

第二,创境迁移,学习表达。

师：课文在具体介绍海底生物的时候,抓住颜色、动作来写。用"有的…有的…""……像……"等句式来写海底生物的样子。现在请你从书后练习中选择一幅图,把你看到的图中的景象用几句话写下来。注意围绕一句话把内容写具体。

生：一群海鸟在海面上自由飞翔,千姿百态的海鸟多得数不清。它们有的在海面上三百六十度旋转,有的轻轻触碰着海面,还有的在用"千里眼"观察着海面有没有小鱼。海鸟把它们自己美丽的姿态尽情地展现出来了,它的翅膀带着一些灰黑色,嘴巴也是黑色的,其他的全身都是雪白雪白的。

生：你看,形态各异的鱼儿成群结队地在珊瑚旁游来游去。它们有的在珊瑚丛中觅食,有的在岩石缝里捉迷藏,一阵浪花打过来,有的鱼儿被惊跑了,有的鱼儿却随着浪花跳起舞来。正午的阳光洒下来,海面波光粼粼,五颜六色的鱼儿像在闪闪发光。

生:海底的珊瑚形态各异,有的像绽开的花朵,有的像分枝的鹿角,有的像圆圆的盘子,有的像五颜六色的菊花,有的像大大的蘑菇,有的像绿绿的苔藓,还有的像一只大龙虾在海底威武地游来游去呢! 较长的像麻绳,较短的像小果子,较大的走进去像一片樱花林,较小的能坐在里面呢! 不大不小的,能带上一个枕头,在里面美美地睡上一觉呢!

三、篇章仿写

不同年级篇章练写的要求和程度是不同的。对于小学高年级学生来说,在教学中要引导学生关注课后练习,结合课后练习题,有针对性的通过篇章练写强化对课文中表达方法、方式的理解,把阅读和练写结合起来,以收到良好的效果。

如《北京的春节》一课,课后第一题引导学生思考"课文是按照怎样的顺序写老北京人过春节的,哪几天写得详细,哪几天写得简略,再讨论一下这样写的好处",而第二题要求学生说说"你是怎样过春节的"。这两个问题其实是一脉相承的,先学习作者的写法,再联系自己的生活经验。接下来,教师就可以引导学生围绕一个节日或者一次活动,仿照课文按照一定的顺序练写,但练写时要有详略得当的表达。教学中可以这样设计:

通读全文,整体感知,理清脉络

师:人们常说"百里不同风,千里不同俗",在我们中华大地上,各地的春节风俗各具特色,那么,北京春节的最大特点是什么?请同学把我们带进老北京的春节(指名分自然段朗读课文),我们一边听读一边用心感受,找出文中反映北京春节特点的一个句子。

(渗透读法:读散文要学会抓文眼。板书关键词:"分外热闹")。

师：作者为什么会有这样的感受？请同学们带着这个疑问快速浏览课文，标出时间词，看作者给我们介绍了哪些重要的日子？各有什么活动？是按怎样的顺序介绍的？

结合学生回答，教师板书：春节前：腊八——腊月二十三；过春节：除夕——正月初一——正月十五；春节结束：正月十九。

师：课文以时间为线，把老北京春节的各种民俗活动如串珍珠般地连接起来，条理清楚，详略得当，突出老北京春节民俗的独特之处，使人印象深刻。你能不能结合自己生活体验，仿照课文中的方法，写出你眼中的春节。

再如《颐和园》一课，按照游览的顺序，采用移步换景的写法把游览的顺序写清楚的。教学中可仿照文章的写法，写自己游览的一处景物。可做如下设计：

第一，画路线图，确定顺序。

《颐和园》一课是怎样把游览的顺序写清楚的，把下面的路线图补充完整。

出示：长廊—（　　　）—（　　　）—（　　　）

课文旁批中提示："来到有名的长廊"，这一句向我们交代了游览的地点。根据这一提示，你能找出作者的游览路线吗？试着填一填。

出示：长廊—（万寿山）—（佛香阁）—（昆明湖）

你们看，梳理出作者的游览路线图，文章的写作顺序就清晰了。

过渡：有什么方法能把景点巧妙地连接起来呢？我们再读《颐和园》中的第二处批注。

第二，移步换景，巧妙过渡。

出示第二处旁批："走完长廊，就来到了万寿山脚下。"过渡很自然。我们知道，游览时从一个景点移步到下一个景点的方法叫移步换景。在每次转换游览地点时，可以使用承上启下的过渡句，这样能使景物的转换更自然，文章的条理更清晰，让人一目了然。你能找到课文中起承上启下作用的句子吗？

出示句子：进了颐和园的大门，绕过大殿，就来到有名的长廊。走完长廊，就来到了万寿山脚下。登上万寿山，站在佛香阁的前面向下望，颐和园的景色大半收在眼底。从万寿山下来，就是昆明湖。这四句话中用"进了""走完""登上""从万寿山下来"这些词语，提示我们位置发生了变化，这样巧妙运用过渡句，能够使文章衔接得更加自然。所以我们在写作中也可以采用巧妙过渡、移步换景的写法，把游览的顺序写清楚。

写好过渡句还需要注意：游览的地方有山、河、林、坡、亭……地形不同，需运用合适的动词；在句子中要加入"前、后、里、外"等表示方位的词语。

小结：选好了景点，确定了顺序，可以用过渡句把游览的过程写得更清楚。

第三节　语言材料的活用

《课程标准》指出："教师是课程的实施者，决策者和创造者，在教学实践中必须创造性地理解和使用教材。"现行教材的编排通常采用单元结构的方式，而阅读单元的课文常又以其题材或者体裁的相同或相近组合而成。这就表明，一个阅读单元中的几篇课文具有一定"共性"，同时每篇课文又有本身特点，具有相对的"个性"。因此，我们可以有机地对文本内容进行整合，对言语材料进行重组，加强课内外阅读的勾连，从而转变教和学的方式，通过课堂的语用训练，全面提高学生的语文素养。

一、文本内容的整合

（一）关注内容联系，实现单元内容整合

统编教科书单元各个版块之间有着密切的联系，都围绕着单元的语文要素来安排。因此，在教学实践中，教师可以依据教学内容，整合单元前后的版块。

如统编小学语文六年级上册《京剧趣谈》一课,就联系了语文园地的内容,以及本单元精读课文学过的方法。

片段一:

师:有了课前的预习,同学们对于京剧并不陌生了。京剧艺术可谓博大精深,屏幕上的这些词就都与京剧有关,谁能给大家读一读? 出示园地"词句段运用"的部分词语。

师:这些词语在京剧中具体指的是什么可能同学们还有疑惑,我相信通过今天的学习,你至少会对"亮相"这个词有一个深入的了解。好,今天我们就一起学习第23课《京剧趣谈》。

片段二:

师:京剧艺术在道具和表演形式有着独特的魅力,下面我们进行小组合作学习,出示要求:默读课文,思考交流以下内容:结合课文内容说说京剧道具和表演形式分别有着怎样的特点? 这样的道具使用和表演形式分别有什么好处?

学生默读课文后交流,汇报。师总结:京剧就是在虚实相生,动静结合中展现独特魅力的,这也正是中国传统美学的体现。

京剧的这些特点是体现在具体的舞台场景中的,现在,请你选择一个你最感兴趣的场景,结合语言文字,联系前几课我们学过的借助文字来想象画面的方法,说说你仿佛看到了什么。

师:请你结合自己的想象,把你认为有趣的部分有感情地朗读出来。

除了教学版块的整合,还可以进行单元课文内容的整合。单元中有很多写法相似的文章,教学中我们可以前后联系进行对比阅读,加深学生对文本的理解。如人教版四年级《鱼游到了纸上》一课突出的写作方法是在一个自然段中先写看到再写想到的。我们可以用同单元的《全神贯注》一文中描写罗丹进行创作的一段进行对比,同样也是先写看到的再写想到的。我们还可以联系上册《那片绿绿的爬山虎》先写事实后写感受的方法进行对比,找出相同与不同。这种对比阅读加深了学生对文本的理解,对写作方法的理解,这时候再进行仿写的训练就水到渠成了,学生理解层面的语用能力也得到了培养。当然,对比阅读不仅仅限于文章内容,还可以对作家作品进行对比。如统编教科书四年级下册老舍先生的《猫》《母鸡》同在一个单元,但是写作方法截然不同;丰子恺的《白鹅》和叶·诺索夫《白公鹅》虽是同一题材但写法完全不同。这四篇文章都在一个单元,教学中也可以进行内容整合,采用对比阅读的方式。

（二）关注文本关联,实现整本书的阅读

叶圣陶先生对于教材的使用有过很多论述,他曾说:"选本的阅读是举一,推到其他东西的阅读是反三,一贯的目的在养成阅读的好习惯。"在重组教材过程中,可以从教材写作内容的相似点出发找出其他的类似文本,进行重组,开展比较阅读及整本书的阅读。如五年级下册的《刷子李》一课,选自冯骥才的《俗世奇人》,教学片段如下:

第一,借助漫画图,启迪读书方法。

教师出示所有俗世奇人的漫画图（把所有图片连在一起,构成一幅画卷）。引发比较:看看这幅画,它与之前看的那些人物漫画图有什么不同?（这幅画卷把所有的人物放在了一起）。

启迪方法:读《俗世奇人》这本书和我们看漫画图有相似之处,既可以把这些人的故事分开读,也可以把书中18个主要人物的故事放到一起读。

第二,关注人物形象,探讨人物共性。

课件出示《俗世奇人》目录,引导学生回忆小说中人物形象的特点。结合检视阅读,思考并讨论书中18个主要人物的共同之处。

（预设学生会从不同角度发现18个主要人物的共同之处,如他们都是"奇人",都有绝活,都生活在清末民初的天津,都是普通老百姓等。）

第三,合作交流,把奇人的故事放在一起读。

引发质疑:这些奇人的传奇色彩有没有相似之处?哪些相似的奇人故事可以放在一起读?把这些故事放在一起读之后,我们又会有什么发现?

学生带着问题,分组讨论,把有相似之处的奇人故事放在一起读。

学生分组发言,师生共同研讨,结合课堂生成,发现奇人的共性,交流独特的阅读感受。

(方式:生生交流,教师补充,提升认识。)

第四,共读序言,加深理解。

学生读本书序言中的部分文字:

"天津卫本是水陆码头,居民五方杂处,性格迥然相异。然燕赵故地,血气刚烈;水咸土碱,风习强悍。近百余年来,举凡中华大灾大难,无不首当其冲,因生出各种怪异人物,既在显要上层,更在市井民间。"——《俗世奇人·序》

交流对序言的理解,初步体悟"奇人"与"俗世"之间的联系(是"俗世"造就了这些"奇人")。

(三)关注课后练习,实现文本与阅读链接的整合

阅读链接对于学生深入理解课文有着重要的作用,教师要研读教材,揣摩每个"阅读链接"的编写意图,将其与课文学习结合起来,引导学生用好"阅读链接",使其"物尽其用",充分发挥"阅读链接"的应有价值。

价值一:课前唤醒阅读期待,为学生扫清阅读障碍,做好阅读铺垫。如《丁香结》一课,课后的"阅读链接"是李商隐等人的诗句:"芭蕉不展丁香结,同向春风各自愁""霜树尽空枝,肠断丁香结"。在预习时,让学生读诗句,感受古人寄托在"丁香结"里的情感。这种"愁怨"完全可以从"阅读链接"中的诗句中体会。而作者一反古人寄托在"丁香结"上的情感,以一种积极向上的豁达的人生态度,为今天的读者开拓了一个全新的"丁香结"的艺术境界,让学生在真正学习课文时,通过古今文人对同一事物的不同态度,更好地明白"结"的深刻含义,扫除了阅读中的障碍。

价值二:利用"阅读链接",补白文本,比较文本,深化主旨。如诗歌《三黑和土地》,创作年代离学生比较远,离学生的生活也比较远。学生对课文、环境背景不容易理解,对诗中三黑的情感也就难以体悟。课前,教师可布置学生阅

读"阅读链接"中的《在希望的田野上》,这首诗将人们对土地的那种热爱表现得淋漓尽致,再配合歌曲的倾听,那种对土地的热爱,那种丰收的喜悦与满足,学生更易读懂。有了这样的铺垫,学生对文中三黑有了土地之后那种极度喜悦的心情,那种比喻和夸张的写法也会有所领悟。

价值三:扩大阅读视野,提升阅读容量,拓展阅读之路。六年级上册《好的故事》,对学生来说是较难理解的一篇文章。这篇文章作者多处描写的是梦境中的景象,但目的是抒发现实生活的感受,但为什么要以梦的形式来书写呢?在教学中,教师首先引导学生关注对作者梦中美好世界的具象感知,再引导学生去感受作者描述的梦境,找出梦境开始和最后破碎的线索;而第二环节对学生来说是有一定难度的,这时刻引导学生去阅读"阅读链接",了解冯雪峰和李何林对文本的解读。学生知道了作者的理想与现实的矛盾,但他仍愿在黑暗的现实中,强烈追求美好的事物。这样的链接,降低了学生的阅读难度,让学生进一步理解了作者"渴望追求美好理想的温暖心声"。这个认知的冲突点、疑难点,多维度地帮助学生理解了文本。

二、语言材料的重组

语用教学中学生根据自己对课文的理解及自身生活经验,对课文进行加工改造,将课文语言进行重新组合,这是一种富有创意的表达方式。这种重组分为两种方式,一是调换语言顺序,对课文内容进行重组。另一种是调动学生已有的语言经验,对课文内容进行加工,加入自己的理解,进行有创意的表达。

(一)语言转换

低年级的阅读教学重点在于"联系上下文和生活实际了解课文中词句的意思,在阅读中积累词语"。"仿说"是一种语言转换的练习形式。如教学《画家和牧童》一课时,文中的小牧童除了勇于向大画家提出批评外,他还有一个优点就是说话有条理。怎样训练学生说话有条理呢?我们可以这样设计:

一是发现语言现象。先指导学生读好小牧童的话,并把他的话分成三层意思让学生反复读,在读中理解,发现语言现象。二是创设语用情境。出示郎世宁画的一幅有争议的名画,画面上的环尾狐猴比真实的狐猴尾巴短而且圈数少。三是模仿迁移创造。先让学生模仿课文的叙述顺序说三句话,再重新组织语言顺序说出三层意思。

不难看出,这一设计属于言语材料的重组,是语用教学的重要实施策略。在低年级的阅读教学中这样的语用设计很多,关键在于把握住低年级重在理解的准确力这一点上精心设计。要把文本还给学生,让学生在朗读中与文本直接对话,在此基础上去发现、去体悟、去活用,把文本语言通过课堂实践活动内化成自己的语言。

(二)语言重组

除了语言转化,我们可以借助学生的语言经验,对课文中的语言材料重新组织并加入自己对文本的感悟、理解,进行有创意的表达。如,统编教科书一年级上册《雪地里的小画家》一课,可以通过"找—说—画—写"实践活动,联系学生的生活经验,进行创新表达的训练。

观雪景,找变化。

师:下雪啦,下雪啦!雪地里来了一群小画家。小鸡画竹叶,小狗画梅花,小鸭画枫叶,小马画月牙……雪地里留下了许多动物的脚印,真有意思!下雪时,小朋友们都喜欢到雪地里玩耍,你注意观察了吗?下雪时,景物都发生了什么变化?

生1:树枝上盖满了雪,都变成白色的了。

生2:汽车顶上也是雪,在马路上跑来跑去,真好笑。

生3:庄稼地里白白的像盖了一层棉被。这个冬天它们有水喝了。

生4:人们的头上、衣服上变白了,连爸爸的胡子都变成白胡子了。

……

展想象,说完整。

师:同学们观察得真仔细!很多同学在说话时能用上"像"字,使句子更生动了。咱们把刚才的句子改一改,用上"像"字再说一说。

生1:下雪啦,下雪啦! 树枝上挂满了雪,像穿上了银色的裙子。

生2:下雪啦,下雪啦! 汽车顶上堆满了雪,在马路上跑来跑去,像移动的冰块。

师:把这两句话连起来说就是:下雪啦,下雪啦! 树枝上挂满了雪,像穿上了银色的裙子。汽车顶上堆满了雪,在马路上跑来跑去,像移动的冰块。

画雪景,写句子。

这样的句子你会说了吗? 把你的发现用笔画下来,再把你画的用两句话写出来,其中一句要用上"像"字。如果愿意,你还可以尝试写三句或四句话。

生1:下雪啦,下雪啦! 小树上的积雪像银白色的被子,让小树冬天不再寒冷。汽车上的白雪像大大的毛巾,把泥土清洁得干干净净。小朋友手中的雪球像一个圆圆的苹果。他们堆的雪人像一个可爱的娃娃。

生2:下雪啦,下雪啦! 雪花落在屋顶上,像给屋顶盖了厚厚的棉被。雪花落在草地上,像白云妈妈抱着小草娃娃。冬天像一位雪公主,她不但自己美丽,还将世界变得美丽。

生3:雪停了! 汽车上的雪像棉被;松树上的树枝像迷宫;我们堆的雪人像个雪孩子。太阳出来了! 雪孩子变成白云,飞上天空,就像一朵棉花糖!

可以看到,学生写的内容中有来源于课文的原句,有借助原句中的修辞,联系生活进行的创作。学生在充分理解句意的基础上,通过语言材料的重新组合进行语言文字运用的实践。

三、课内外阅读的勾连

统编教科书构建了"教读、自读、课外阅读"三位一体的阅读体系。陈先云理事长在 2016 年全国统编教材培训会上特别强调:统编教材三年级至六年级的课文由原来的三十几篇减少到二十几篇,但是阅读量却增加了,其增加的地方就在课外阅读上,具体说就在"快乐读书吧"。

"快乐读书吧"板块的最终落脚点是提升学生阅读能力、提升学生阅读素养、提升学生阅读品质。它是对各册课外阅读的引领,是一种召唤和导向,旨在提示教师和家长从低年级开始,就要打开孩子的阅读视野,教授一些基本的整本书的阅读方法,告诉孩子阅读的快乐,展现阅读的世界。

"快乐读书吧"的教学内容遵循了儿童的阅读特点和身心发展规律,选择了儿童喜闻乐见的阅读内容。既有基本的阅读方法指导,又有情感价值感的引领;既有不同文体的阅读,又有中外名著阅读。教学中,要将课外阅读纳入语文课程内容之中,指导学生科学合理地选择阅读内容,增强读书意识,养成良好的阅读习惯。

例如统编教科书五年级下册第二单元是一个"古典名著"单元。单元导语页用"观三国烽烟,识梁山好汉,叹取经艰难,惜红楼梦断。"指明了本单元的阅读内容。阅读教学中要将课文的学习和快乐读书吧的内容进行有效的整合。一方面要适机进行拓展性阅读,让学生在感受人物形象的同时,体验阅读名著的乐趣。可以出示原著中相关的部分,加深学生对作品的理解。课下还可以搜集相关文章进行拓展阅读。另一方面,"快乐读书吧"的教学要从整个学期的角度制定阅读计划,规划阅读内容和时间,同时借助课文的学习,激发阅读名著的兴趣。激发学生的阅读期待。真正实现"课内阅读,课外拓展;课外阅读,课内交流"。

第四节　文本内容的创生

叶圣陶先生说："语文教材无非是个例子，凭这个例子要使学生能够举一反三，练成阅读和写作的熟练技能。"教科书的每一篇文章之所以能成为例子，就是在于语言学习内容的可创生性。统编教科书清晰地展现了学生能力发展点，同时也为创生文本内容提供了广阔的空间。

一、补白

"补白"是书画作品的专用语，是指在作品留有空白的地方"润色"。小学语文课文大多选自名家名篇，这些作品的语言大多具有审美性，其中包括很多不确定和空白，这就是文本语言的"空白点"。这些"空白点"并不是作者的疏忽，而恰是作者的独具匠心。教学中要利用文本的空白点，引导学生依据课文内容，展开想象，合理补白，从而体会文章的深刻意蕴和丰富内涵。

（一）想象的补白

在《威尼斯的小艇》这篇文章中，作者写景物中的人，并不是简单写"商人走下小艇做生意，孩子坐着小艇去郊游"，而是给景物中的人加上了一些描写。于是，我们看到了商人匆匆的神色、妇女的高声谈笑、老人的严肃庄重等。这一点描写虽然不多，却把人写活了，景、物也就更有色彩。教学中可引导学生想象："在威尼斯狭窄的河面上，又驶来一艘小艇，上面会坐着什么样的人呢？仿照第五自然段的写法，再写几个句子，写一写小艇上的人。"这种练写不拘泥于课文中的几种描写，通过想象补白文章情节，从而培养学生的语言文字运用能力。

（二）对话的补白

教材中有很多人物对话，作者匠心独运，寥寥数语将深刻含义包含其中。也有些文章在人物的对话处留白，教学中可以让学生结合上下文，对语意内容进行拓展。如《将相和》一课结尾处，"蔺相如见廉颇来负荆请罪，连忙热情地出来迎接。"可让学生结合上下文对两人的对话进行补白，同时提出要求：对话符合文义；对话符合人物身份。

（三）结尾的续写

有些课文虽然已经结束了，但意犹未尽，留下了耐人寻味的"空白"。比如《巨人的花园》一课，对四年级的学生而言，读懂童话已经不是什么困难的事了，因此，阅读的关注点就不能只停留在内容的理解上，要注重培养学生的想象能力，可思考：想象巨人向孩子们分享自己的花园以后，他在行动上和心理上又会有怎样的变化？通过结尾的续写，真切地体会童话充满神奇想象这一特点。如以下教学片段：

总结全文，拓展延伸。

师：巨人醒悟了，他悟到了什么？

（出示最后一句话）"我有许多美丽的花，可孩子们却是最美丽的花。"

师：这不仅仅是巨人的感悟，也是给予我们的启示。那就是：与大家一起分享才是真正的快乐。醒悟后的巨人和孩子们会在花园中做些什么呢？巨人会怎么想呢？

生1：巨人会和孩子们一起玩耍，他会觉得很幸福。

生2：孩子们会站在巨人的手掌上，鞋子上，会很有意思。

师：让我们发挥想象，把孩子们在巨人的花园里尽情玩耍的情景写下来吧。

生：园子里洋溢着欢乐，那铃铛般悦耳清脆的笑声，像静谧的夜晚中悠扬的小提琴曲。巨人坐在树荫下，孩子们有的站在巨人的鞋子上吹着口哨，有的躺在巨人的手心里翻着跟头，有的甚至顽皮地钻进了巨人胸口的衣兜里玩起了捉迷藏。

巨人从此过上了幸福快乐的生活。

又如《穷人》一课，这篇文章通过细腻描写将安娜和丈夫虽然生活贫苦，却充满爱心的特点展现得淋漓尽致。在设计《穷人》全文续写的时候，先让学生了解什么是续写，再提出续写要求："安娜一家人会怎么做？孩子们会有怎样的生活？他们能摆脱贫穷的生活吗？你是怎么想的，根据你的想法对文章进行续写。续写时除了要把握想象内容的合理化之外，你们认为还应注意什么？"同时提出评价标准：贴近作者的写作风格，使续写与原文能融为一体；想法合理，不脱离原文；想象丰富，情节生动。

二、文意概括

《课程标准》在第二学段阅读教学要求中指出："能初步把握文章的主要内容，体会文章表达的思想感情。"由此，培养学生分析概括能力，并在概括中培养语用能力是语用教学要训练的。教科书以《盘古开天地》一课为例，教给了学生概括文章主要内容的方法。即先把课文读两遍，对内容有个大致的了解，再一部分一部分认真地阅读，了解每一部分主要讲了什么，然后把各个部分的主要意思连起来，就抓住了课文的主要内容。如以下教学片段：

活动一：自读课文，检查反馈。

完成自读任务后与同桌交流：课文写了一件什么事，文中哪句话写出了"盘古开天地"的结果，用横线画出来。

检查反馈。交流画出的句子：伟大的巨人盘古，用他的整个身体创造了美丽的世界。围绕这个句子，抓住关键词，简单说说课文写了一件什么事。提示：关键词为"创造"，是从无到有的开创，那么创造之前是什么样子的，又是如何"用整个身体创造"的？

活动二：理清结构，概括各段意思。

课文最上边的四幅连环画，分别对应的是哪些自然段呢？请默读课文，与同桌交流后把序号标在图上。

小组商议：根据盘古正在干什么来给每幅图起个题目，最好字数相同。例如盘古在混沌中昏睡。

出示课文上面的四幅图，请学生将题目写在图下，并说出理由，最后连起来说一说故事的主要内容。

提示：起题目的过程既是弄懂事情发展顺序的过程，也是按起因、经过、结果概括主要内容的过程，为讲故事奠定基础。预设：混沌昏睡——开天辟地——撑开天地——化身万物。

活动三：复述故事，把握主要内容。

再次出示四幅连环画，回顾故事的起因、经过和结果。在图片上补充相应的时间，注意神话故事中时间的神奇。

板书"变"字，提醒将神奇变化的地方讲得详细一些。

先自己练习，再讲给小组同学听一听。可以用文中的语句，也可以用自己的语言，要力争讲出画面感。

概括文章主要内容的方法很多，要通过大量的语用练习进行巩固。比如给出提示性语句，让学生填空，把主要内容补充完整；分类给出连接课文内容的词语，让学生把词语连起来说说主要内容；还可以让学生概括出各部分小标题，再把小标题内容连起来说。在说的过程中学生对文本语言进行加工、改造，进而用自己的话概括出文章的主要内容。不仅加深对文章内容的理解，同时组织恰当的语言进行表述，培养了学生理解层面的语用能力。

三、内容复述

复述指个体通过言语重复以前识记过的材料，以巩固记忆的心理操作过程。对语文教学而言，复述就是将课文内容进行加工整理，用自己的话进行口头表达的过程。它不是背诵、概括和机械重复，而是创造性表达的一种方式，也是学生学习语言文字运用的重要方式。

统编教科书依据儿童语言能力发展特点，循序渐进地使儿童练习各种各样的复述。比如二年级教科书安排借助图片、表格等讲故事,三年级安排详细复述,四年级安排简要复述,五年级安排创造性复述。详细复述一般借助表格、示意图,梳理故事的主要内容,按顺序复述。

这种复述可对课文语句适当变动,但强调顺序,不能遗漏重要的情节,同时表达出课文重点内容和语言风格。简要复述一般可借助列小标题、概括段意、提示顺序的词语等理清线索,抓住文章的主要内容,对于其他内容可以适当省略。创造性复述是增添内容的叙述,可借助大胆合理的想象,为故事增加合理的情节;可以把自己设想成故事中的人物,以他的口吻讲,增加亲切感;还可以变换情节的顺序,先讲故事中最不可思议的地方,设置一些悬念吸引听众。增加语言表达的生动性。

四、文体转换

不同的文体有不同的表现形式,文体转换的过程是一种新的构思过程,是对文本内容的创生。它将理解、表达、创造融为一体,是语用教学特征的充分体现。如统编教科书五年级上册初试身手中"查找资料,试着将课文《白鹭》第2—5自然段改写成一段说明性文字,体会他们的不同"。这一练笔,要指导学生写出白鹭外形相关的具体资料信息,同时在表达上改变语言风格,把含蓄抒情的语言变成准确清晰的语言,还要指导学生运用恰当的说明方法把白鹭的外形说清楚。教学中着重关注两点:一是散文主要展现了白鹭的优美姿态即其外形特点,那么白鹭的外形便是本次改写的重点。如何将白鹭的外形介绍清楚,教师可立足文本内容,引导学生将生动的语言改写成通俗易懂的语言。二是教师要引导学生搜集更多有关白鹭的知识材料,经整理后加入所写的片段中。(学生可从白鹭的分布、生活习性等方面搜集资料。)

教学中可以这样设计:

师:通过对本单元两篇课文的学习,我们对说明文(尤其是说明方法)有了一定的了解。说明文和其他文体相较而言的不同之处,便是其语言的特点。同学们还记得曾学过的课文《白鹭》吗？这是一篇短小精美，充满诗情画意的散文。如果我们将其改写成说明文，再比较一下，就能体会两种文体不同的语言风格，从而对说明文这一文体有进一步的认识。

回顾课文《白鹭》，点评写法。（引导学生从文体、写法、语言特点三个方面回顾课文《白鹭》，进一步体会散文语言优美的特点。）

学生朗读，小组讨论，交流后进行片段改写。

师：阅读了郭沫若的散文《白鹭》，我们被白鹭如诗一般的美所倾倒。但假如我们向一位不熟悉白鹭这种鸟的人介绍白鹭，这篇散文就显得不太合适了。我们能不能将这篇优美的散文改写成一篇说明性文章，让他人读了之后，对白鹭这种鸟有一个较全面的认识呢？同学们先认真读一读课文，再试着改写吧！

改写白鹭的外形。学生细读课文，画出文中最能表现白鹭外形特点的句子。（应特别留意文中描写形状、颜色的词句。）将画出来的句子改换说法，去掉多余的修饰词语，结合自己对课文内容的理解及白鹭的图片重新组织语言，适当添加说明性的语言。

学生展示改写的片段，教师引导学生评价。（评价的要点是语言简练、准确，能说明白鹭的外形特点。）评价后，教师引导学生借鉴其他学生的思路，修改自己改写的片段。补充资料，完善内容。整合资料，按一定的条理顺序连缀成文。教师展示优秀片段，学生对照原文阅读比较感悟。

语用教学的实施策略同语用教学模式紧密呼应，坚持以生为本，通过理解—仿写—活用—创造的学习过程，在课堂教学中以语用来安排教学环节、设计学习活动、开展实践运用。真正把"学语文"变为积累语言、运用语言，发展语言的过程。在此过程中培养文字理解能力、发展综合思维能力、提升语言运用能力。

第七章 语用教学的教师专业要求

高质量的教师队伍是语用教学稳步推进的重要保障。从传统的语文教学观到以"语用"为核心的语文教学观,观念的转变必然对教师提出新的要求。本章论述语用教学对教师提出的四项重要的能力要求,为教师专业发展点亮前进的灯塔。希冀新理念下的教师将学生本位渗透进教学活动的每一环节,以多角度解读、还原文本含义,抓住文章神韵为基础,根据学生身心特点开展教学,充分调动学生的积极性和主动性,让语文课堂真正触动学生的心灵。

第一节　教材挖掘及文本解读能力

2011版《义务教育语文课程标准》中指出："语文课程是一门学习语言文字运用的综合性、实践性课程。"并且将"培养学生的语言文字运用能力"确定为语文课程的核心目标。立足于这一要求，我们必须要摒弃以往过于强调语义分析和知识传授的教学模式，将"语言文字运用"作为小学语文课堂教学的重要内容。

小学语文教师要树立起"语用教学"的观念，把"语言文字运用"作为小学语文教学活动的出发点与落脚点，在教学中扎扎实实地开展语用教学，让小学语文课堂成为学生审美和鉴赏能力提升、思维的发展、文化的理解和传承的舞台，真正提高学生的语言文字运用能力和语文学科综合素养。要达到这样的目标，势必对小学语文教师语用教学专业性提出了更高的要求。

我们认为文本解读方法不等于文本解读的能力。文本解读能力的背后是人认识事物的能力。提倡教师进行多角度解读，即从读者的角度理解词句段篇的内涵；从作者的角度研究出发点，怎样遣词造句布局谋篇；从编者的角度解读，研究编写意图，把握本课在本册教科书中的语文价值；从学生的角度解读，理解学生的兴趣点、难点，具备哪些背景知识，还会引发什么想法；从教者的角度解读，怎样确定目标和内容，怎样开发教学资源。一个单元，一篇课文有许多内容可以选择，明确重点是什么，要给学生最有价值的内容，就如温儒敏教授在2015年小学语文新教科书培训中提出的"干货"。语用教学要有"干货"，要体现"一课一得",要看出学生在课堂上的小小的进步。这就需要教师通过深刻的文本解读,筛选最有价值的语言文字训练点,使学生获得运用语言文字的能力。

教师在解读文本时,首先,练习独立解读课文。每单元拿出一篇课文,单独练习解读文本和教学设计。从一个词到一句话再到一个自然段,看全文结构和内容,分析思路和写法。这种历练坚持两年,几十篇课文过来,能力定有提高,进而形成习惯,坚持始终。其次,学习一些基本知识,学习中国古代文论和诗文例话等。学习基本的字法、句法、章法、篇法。了解多种文本解读的理论和方法。如文体论、社会学和文化学解读、语义学解读和接受美学解读等。再次,多读好文,品出妙处。光读好文章还不行,还要读出文章的好,尤其要多从文章写的角度去读。最后,写文练笔,感受过程。每个月写一篇东西,好好推敲,找找感觉。要当"杂家",感受生活,积累阅历。解读,其实是一种共鸣。你理解了康德你就是康德!

一、树立课程意识多角度解读文本

以课程的角度看待语文教科书,通过深入的分析理解,梳理出与语文课程有关的语文意识和能力体系。准确理解教科书编写者的意图,在解读文本时把握每一个文本在语文课程中的地位与作用,明确教的内涵,即要教会学生什么,从而充分发现这篇文本在语文课程的这一个节点上拥有的教学价值。

以五年级为例,《课程标准》提出:第三学段不仅要关注"关键词句的表达效果",更应重视"初步领悟文章的基本表达方法"。因此,教师在进行文本解读时,如果课文主次分明,重点突出,就可以直接找准一篇文章中一两个重点段落——逻辑重点段作为教学的主要内容;以并列段落为主要结构方式的文章,解读教科书时应抓住学生最感兴趣的、易于接受的、语言上最具特点的段落或每段中最具特点的词语或句子;而面对内容较长的课文,段落比较复杂,逻辑重点段不典型,事情的起因、经过、结果不明显,应抓住课文的整体思路、情感线索、思想脉络以及穿针引线的人物等。

二、体现文本的原生价值和教学价值

叶圣陶先生说过："一字未宜忽,语语悟其神。"文本的教学价值要靠语文教师发现挖掘。我们都知道,教科书无非是一个例子,语文教师不是教课文,而是教语文。教师要把文本当作教科书来读,要寻找文本解读的立足点,抓住单元导语,解读单元主题和编者意图。纵观一个单元的内容和侧重点,从而把握位置编排的意图和作用,确定文本解读的立足点。以教科书中的文言文为例,教学中千万不能把文言文的翻译作为重点,而应当注意引导学生初步感受文言文语言表达特点,在读中培养语感。小学阶段学习文言文,其实就是给学生们打开一扇新文体的窗:把握停顿,读出节奏;结合注释,联系上下文读出理解;读一读、背一背,演一演,再结合自己的理解讲一讲。在此基础之上再去引导学生去感受其表达特点,也就水到渠成了。

第二节 目标确定及学段把握能力

教学中要依据学段要求,找准语用起点,制定符合学生年龄特点和学习特点的目标。如低年级重点抓好的词语、好的句式,让学生知道好在哪里,引导他们学习迁移和运用。其训练形式是词语和句式。中年级重点要进行段的训练,虽然这一点在《课程标准》中没有明确指出,但教学中在理解段意、理清段序、了解写法的基础上,可以引导学生写一段话。除此之外,体会词句在表情达意上的作用,表达的时候要学习运用。其训练形式是段。高年级要引导学生有重点、有特点地表达。小学教科书的文体各异,记叙文、说明文、散文、小说、诗歌、寓言……教师要根据不同文体的特征采用相应的语用教学策略。此外还应了解说明文严谨、准确的语言特点。不同的文体有不同文体的特点,不能千篇一律。

教师在进行文本解读后,需要合理选择相应的教学内容,结合学生语用训练的要求,制定相应的教学目标。新课程改革的核心理念就是一切为了每一个学生的全面发展,语文课程标准对于不同阶段的学生提出了不同的要求。教师在小学语文课堂上进行语用教学,要实现以"学生为本",就必须准确把握各学段的要求,根据学生原有的知识水平和个性发展需要分层制定恰当的教学目标。

一、重视学生的主体性

教学目标必须是教什么、怎么教、学什么,怎么学的综合体,是教与学交互结果的体现。而教学目标必须从学生的"学"出发,也就是学生学什么,怎样学。身为从教者,我们容易从"教师"的身份制定教学目标,但这样的教师视角往往与学生的学习需求和生活经验产生隔阂,也就无法达到学生、教师、文本三个对话主体的和谐统一。如果能够充分考虑到学生的接受能力和身心发展特点,从学生学习的角度来制定教学目标,可以更有效地设计教学内容。

教师可以从以下角度思考语用教学将要达成的目标:学生通过自主阅读,能理解哪些内容,不能理解哪些内容;利用已学知识和生活经验,可以掌握哪些内容;学生面对哪些内容会有困难,可能是什么原因造成的;学习新的言语表达方法时,什么原因造成学生无法拓展思维;学生对哪些内容特别感兴趣;学生可能会针对哪些内容提出有价值的问题等。教师以学生的视角来设计教学目标,为学生的学习创设"支架",才能让语用训练为学生的语言表达服务。

二、重视教学目标的实践性

我们知道,教学目标必须与文本内容紧密联系,而不是通用语言。如千篇一律为"理解课文内容,体会作者的思想感情"等。教学目标要涉及与文本内容有关的语言。要在语用训练中达成这些目标,就必须突出语用训练的实践性。

以统编教科书五年级上册为例,第一单元习作要求学生写自己的心爱之物。因此,教师可以在单元教学中不断进行习作的渗透。

如在《白鹭》一课的教学中,教师可以让学生背诵课文,抄写喜欢的自然段,从而深刻体会作者是如何将感情融入字里行间。

《落花生》一课教师可安排"随文练笔":生活中有很多平凡的人,他们像父亲说的"花生"那样,默默无闻地做着贡献,用一段话写写你身边这样的人。教师引导学生从课本走向生活,从写法的角度去思考还可以借助哪些事物来赞美和它具有相同品格的人。并结合学生想到的"石头、竹子"等事物,讨论它们的特点以及可以由这些特点想到了哪些人,为什么会想到这些人。通过这样步步"搭梯",层层"递进",引导学生学习本课的写法特点并完成练笔。

在《桂花雨》《珍珠鸟》的教学中,可以渗透本单元的写法,引导学生发现作者围绕心爱之物,把自己的喜爱之情融入字里行间。此外,在习作指导课的导入环节,教师可以安排回顾课文,明确单元写法的环节。可以将语文园地一中的"交流平台"纳入习作课的指导环节,使两者建立关联。借助交流平台,由学生回顾本单元每一课的表达特点。

三、重视语文学科的综合性

教学目标是知识与能力、过程与方法、情感态度价值观的综合体,是语言的建构与运用,思维的发展与提升,审美的鉴赏与创造,文化的理解与传承的综合体。在语用教学实践中,教师要将语文要素分成若干个知识或能力训练点,由浅入深,由易及难地分布在各个单元,落实在各个年级的相关内容中,努力体现语言文字训练的系统性、发展性。如六年级上册第七单元的几篇课文都从不同的角度折射出了艺术的魅力,介绍了音乐、绘画、戏曲等各种艺术形式的美。艺术是一个充满想象的世界,指导学生学习这些课文时,教师要带领学生借助语言文字展开想象,去体会艺术之美,确定每篇课文的教学目标。

第三节　情境创设及关系转换能力

《课程标准》指出："阅读教学是学生、教师、教科书编者、文本之间对话的过程。学生是语文学习的主体,教师是学习活动的组织者和引导者。语文学习应在师生平等对话的过程中进行。"教师在日常教学中善于创设语用情景蕴含着教学艺术,而建立和谐的师生关系则体现了教师的职业素养,两者缺一不可。

语用教学以"以生为本"的理念下,我们需要思考怎样的教学过程才能有效达成教学目标? 教师把"语用训练点"与"语用情境"有机综合,让学生变成课堂的主人,激发他们"想要表达、有话可说"的能动性,真正实现学生言语表达能力的提升和核心素养的发展。因此,教师要在教学中始终关注"如何让学生更好地学",提升自己对于情境创设和师生关系转换的能力。

一、唤醒学生的想象力

语文学科是通过语言文字来呈现相应的物象、情感的学科。引导学生展开想象是小学阶段阅读教学的重要内容,每个阶段的侧重点都不同。教师在语用教学过程中应致力于通过各种手段、方式,让教科书中的文字变成声音、画面,变成一个个栩栩如生的形象呈现在学生眼前,通过情景创设唤醒学生天马行空的想象。

以六年级上册第七单元《月光曲》一课为例,教师引导学生通过品读文中描绘的《月光曲》的情景,感受音乐给兄妹俩带来的幸福和快乐,激发了学生对大音乐家的敬意。要通过语言文字来感受、体验一首乐曲,这对于形象思维占主导地位的小学生来,具有较大的难度。于是教师为学生架设了一道可感的桥梁——图片、视频、音乐:让学生通过语言文字,想象画面,再通过画面,感受乐曲,把虚无缥缈的文字和音乐,转化为了真实可感的图画,使学生理解起来就有了形象的依托,降低了理解的难度。教师还结合《月光曲》中皮鞋匠的联想,让学生边读边想,在脑海中浮现画面。通过学生的交流,将文字转换为三个画面:"月亮升起,海面平静""月亮升高,穿过微云""月光照耀,风起浪涌"。继而把学生的思维引向贝多芬的琴声,充分感受《月光曲》的内容、意境,再以对比朗读的形式,真正帮助学生体会到联想的作用是使文章的内容更具体、更丰富。

在语用教学理念的指导下,通过《月光曲》的学习,学生能够根据皮鞋匠与妹妹聆听琴声时"看"到的景象展开想象,通过对画面美的感知,感受乐曲的美妙,真正实现了借助语言文字,从不同角度展开想象,进入课文的情境,感受艺术的魅力,以加深对课文的理解和感悟。

二、激发学生的创造力

情境创设对于学生学习古诗和文言文同样具有积极作用,激发学生言语表达的创造力。在古诗教学中"情境创设"是语用教学的前提,良好的情境可以促使学生主动品味富有特色的诗意语言,进入丰富多彩的诗意情境。

如学习《登鹳雀楼》,教师运用这样的方式让学生走进文本:学生们,闭上眼睛,你的眼前仿佛出现了什么?你的耳畔仿佛听到了什么?学生的回答精彩纷呈:我仿佛看到了翻滚的黄河水;我仿佛看到了太阳渐渐落山;我仿佛看到了河面上的渔船,船上的渔夫正在打鱼;我仿佛看到了河边正急着回家的人;我仿佛听见了河水拍打岸边的声音;我仿佛听见飞鸟的叫声……

这样的唤起方式,既超越了传统古诗教学的理解诗意,又激发学生进入情境,看到形象。再如:学生们,如果此时你站在黄鹤楼的最高处,景色尽收眼底,你会想到什么,你会做些什么?学生的回答同样精彩:欲穷千里目,更上一层楼;没有刚才的辛苦,怎能看到令人陶醉的景色?站得高才能看得远;我会拿起相机,把这样美丽的景色拍下来留作纪念;我会拿起画笔,把它画下来……

教师创设的情境激发了学生在主动生成的状态下触摸文本语言,在乐学善学中进行创造性学习,发掘古诗词中的"语用"教学点,才能让诗情在学生心中产生共鸣,从而受到感染,激发浓厚的情趣,体味诗中的意境和作者的感情。这样学生才会不满足于仅仅当一个听众,会更自主去读,也会读得更生动,更动情,更感人,每个学生都会沉浸于诗人的情感,融合自己对于诗情的理解,读得跌宕起伏,充满感情,而韵律和节奏就自然形成了。

三、彰显学生的表现力

"教育之第一要义,须将教师本位的原状改为学生本位。"这是经亨颐先生对教育的领悟。在语用教学中,恰当的情景创设可以真正激发学生的表现欲望和表达欲望,让教师成为倾听者和对话者,而学生则进入文本的语言之中,主动体验,深入创造。

如统编版二年级下册第一单元的《找春天》,语言优美,充满儿童情趣和文学色彩。从语言表达特点上,教师自然要引导学生关注"看、听、闻、触"这四个关键词语,自然要引导学生学会"看到了……听到了……闻到了……触到了……"的句式表达。这句话是诗意的,同时又是抽象的,如果学生不能进入情境,在学习过程中会完全处于被动接受的状态。教师可以将学生引入具体形象的春的世界中,促发学生主动地看、听、闻、触,与春天进行亲密的接触,在语言实践中习得鲜明的语言形式。

这个教学过程看似是将学生引入文本语言呈现的情境之中,实际上是将学生引入自己的生活之中,引入平时生活中对春天的情感,自然而然地将知识与技能融为一体。同时,学生在教师的引导下主动进入情境,展开了一次浪漫而富有诗意的春之旅。此外,教师还可以安排学生把课上感受到的美进行表达,设计课后练习是让学生画一幅春天的画或写一首春天的小诗。

基于语用教学理念设计教学语言及学习活动,不仅让学生在每一课都"学有所得"，而且使学生的语言得到了建构与应用，思维得到了发展与提升，真正实现了教与学转变的目标，真正提升学生的语文素养。

第四节　问题提出及问题解决能力

语用教学是要引导学生的理解、体验、表达语言，丰富语言的积累，培养语感，发展思维。教师如果能够科学地设计、巧妙的提问，常常能收到点击关键、一问传神的效果，真正地激发学生对于知识的好奇心和学习兴趣，培养自己的独立见解，从而真正落实以教师为主导和学生为主体的教学原则。

一、完善环节，精心设计提问

课堂提问是语文教学中重要的教学手段和形式。语文课堂中恰当的问题可以优化课堂结构，发挥学生学习和探究的主动性、积极性，从而真正落实教师主导和学生为主体的教学原则。语文课程中，在教学环节的不同阶段，教师都能够通过不同的提问方式，形成一个完整的课堂提问过程。教师在设计问题时，必须紧扣教学过程，让提出的问题与教学目标有机结合。

（一）完善教学环节，缜密设计提问

语文课程中，在导入、感知、讲解、延伸、总结等不同阶段，教师都能够通过不同的提问方式，形成一个完整的问题教学过程。在设计问题时，必须紧扣教学过程各阶段的特点，结合教学目标。如在课程导入时，提出关键性的问题可以吸引学生的注意力，激发学生对于解决问题的兴趣，形成一个良好的开端。而在讲解课文时，好的问题可以给学生一个理解课文的路径，发现深层次的思想内涵。

如在《"诺曼底"号遇难记》一课中,在学生的预习环节,教师可让学生思考以下问题:从哈尔威船长的言行中,你能感受到他的什么品质?从而让学生带着问题梳理"诺曼底"号遇难的各个环节,通过找出人物的言语、动作,进而感受哈尔威船长临危不乱、舍己为人的英雄形象。

再如《大象的耳朵》一课,教师可让学生思考"大象的想法是怎么改变的?"这一问题是统领全篇的问题,学生需要结合全文来思考。通过读文,学生发现,大象在与小兔子、小羊、小鹿、小马、小老鼠这些动物之间的对话中,觉得自己的耳朵有毛病。大象的想法一步步地发生改变,后来,大象用竹竿把自己的耳朵竖起来,造成小虫子飞进他的耳朵里,吵得他又头痛又心烦。最后,大象终于想通,还是把耳朵耷拉下来,做回了自己。让学生认识到:每个人都有各自的特点。别人说好的也不一定就是最好的,只有自己舒服、适合自己的才是最好的。这一问题设计不仅帮助学生理解课文内容,还引发了深层次的思考。

(二)细致提问,揭示课文内涵

在教学中,某些关键点和中心处是课文的线索或理解知识的瓶颈。教师必须在重点处合理地设置问题,引起学生的注意、思考。通过细致的提问,可以让学生在细微中获得思路,并且学会抓中心,分析重点词句。

如在统编教科书五年级上册第一单元《桂花雨》的教学中,教师提问"在作者的记忆里难以忘怀的仅仅是桂花的香味吗?还有什么?"学生会找到文中还写了乐趣无穷的"摇花乐"和阵阵令人情牵梦绕的"桂花雨"。接着,教师再次引导学生思考"作者为什么这么盼望着摇桂花啊?桂花摇落以后,我们的快乐还在吗?"学生在交流中,体会桂花雨不但给"我们"带来了快乐,还凝聚着邻里乡亲的那份情谊。有了这样的基础,教师最后通过"'这里的桂花再香,也比不上家乡院子里的桂花'这句话的含义是什么?"这个问题挖掘中心,升华主题:再香不如家乡桂,再浓不如家乡情,月是故乡明,香是家乡桂。乡情难忘,童年难忘! 作者写这句话时,远离家乡整整57年。她想起了家乡,想起了桂花雨,想起了母亲说的话,这样的思念积聚了几十年,越积越深。琦君闻到桂花香,尝到桂花糕,看到桂花树,总会想起故乡童年时代的摇花乐,还有那摇落的阵阵桂花雨。

李镇西老师在《一碗清汤面荞麦面》一课中这样设计课堂教学提问:

教师:我想问大家一个问题,这篇文章,我们如果用一个词来概括,他是一篇关于什么内容的小说? 可以用自己的话来概括,两个字、一个词。

学生:亲情。

教师:可是老板娘和母子三人并没有亲情关系呀?

学生:温情、关心……

教师:温情、关心,是谁关心谁?

学生:老板娘关心……

教师:老板娘关心这母子三人,那么老板娘关心母子三人是出于什么原因?

学生回答:出于同情,出于善良。

教师:那么这种关心、关怀、精神上的抚慰,只是老板娘对母子三个精神上的一种鼓励、抚慰吗? 有没有反过来想,老板娘从母子三人身上是不是也有所收获?

学生:是,体现在72段、73段。

教师:老板娘从这个桌子上体会到了……

学生:坚强。

通过教师细致的提问,学生逐渐理清了文章的线索,并从语言、动作、心理等多方面体会文章,把握作者要表达的情感。

(三)循序渐进,科学提问

语文课堂的提问要循序渐进,要由表及里、由浅入深。教师要通过科学的安排,由复述型的问题逐步过渡到讨论、思考型的问题。通过由点到面不断引起学生理解、认知、探索、发现、想象以及表现的欲望,形成一个开放活跃的语文

课堂。如《落花生》一课,可以设计有层次的问题:

从大家的对话中可以看出花生具有什么样的特点?

读父亲说的第一段话,想一想花生与桃子、石榴、苹果有什么不同?

父亲希望我们默默无闻去做对别人有好处的事,不求回报,不图虚名,你想到哪个四字词语?

现在你知道了吗,父亲想借花生告诉我们什么道理?(做一个默默无闻、无私奉献的人)

为什么能够借助花生来告诉我们道理呢?(花生的特点和需要说明的人的品格有相似之处)

教师通过层层推进,根据课堂氛围,通过对话、讨论、思考,点拨学生主动去找答案。学生在问题的引导下,也明白了课文"借物喻理"的写法,先从文本入手,了解花生的特点,体会父亲借花生告诉"我们"做人的道理,再学习作者借花生来说明做人的道理这一写法。

二、问题引领,感受文本意蕴

古诗教学中,教师通过提问进行点拨,让学生发现问题、解决困惑,能够帮助学生更好地诵读体味诗歌,更准确地从字词语句把握诗意,感受诗人的感情。

诗歌的特点是语言高度简洁凝练,而"诗眼"则是最能体现诗歌情感意蕴的关键字词。指导学生在学习诗歌中抓住这些关键,可以更好地体会作者的意图。古诗教学中,教师应把古诗中的这些"诗眼"作为教学的重点,揣摩体会,帮助学生感知诗歌的传神之处。

如在《九月九日忆山东兄弟》一诗中,对于王维的名句:"独在异乡为异客,每逢佳节倍思亲。"可以指导学生思考:难道诗人只有"佳节"里,才会"思亲"吗?带着这样的问题,在接下来的教学中,学生抓住一个"倍"字,就知道"异乡"的"异客"在平日里就非常思念家乡和亲人,但是在节日里,这种感情愈发强烈,诗人用一个"倍"字,让人深切地感受漂泊在外的游子无限的孤单。让学生去体会这个"诗眼",可以实现与诗人的情感共鸣,理解诗人在"佳节"里形单影只的那种寂寞了。

而古诗中的字词可谓经过诗人的细心雕琢,不断推敲。因此,从诗词的一字一词中可以跨越历史长河,触碰诗人心灵,感悟其创作时的情感。如《嫦娥》"嫦娥应悔偷灵药,碧海青天夜夜心"两句中,可认为"应悔、夜夜心"是理解全诗感情的关键词语。那么如何让学生从中体会诗人孤独寂寞,借嫦娥之愁苦表自己之孤寂呢? 结合预习,教学中播放《嫦娥奔月》的故事。学生观看视频后,了解到后羿的徒弟逼迫嫦娥交出不死药。而嫦娥危急之刻临危不惧,当机立断吞下了这颗不死药,飞上月亮成仙。但有学生立即反驳,说嫦娥升天另有原因:是嫦娥想要独自成仙,偷吃了长生不死药,逃到月亮上去了。学生在争论中,产生思维的火花。因此,教师适时地提问:无论是什么原因,广寒宫里孤单一人的嫦娥幸福吗?

这个问题让学生静下来思考,他们一致认为:嫦娥没有幸福,而且最大的痛苦就是孤单寂寞,心里别提有多伤心难过了。由此得出"夜夜心"——每天夜里都是孤单寂寞的心情。那么,此时的一切,在嫦娥心底,恐怕是后悔死了。而"应悔",字面理解是"应该后悔"。提示学生,如果作者亲眼所见,应该用"一定后悔"。看来,作者也是凭借着猜测去想象嫦娥的心情罢了。课上至此,每个学生都会沉浸于诗人的情感,融合自己对于诗情的理解,读得跌宕起伏,充满感情。

三、启发思维,张扬学生个性

语用教学的课堂应该是学生品味语言文字魅力,感受文学的人文关怀,绽放思维翅膀的殿堂。如果教师在课堂始终强调标准、统一的答案,便会压抑学生独具个性的理解和创新性的思维。而学生总是被动地接受教师传达的思想,而不是自己尝试着去解决问题,便会逐渐形成思维的惰性,变得不会思考。因此,语用教学还需要教师根据教学内容设置启发性的问题,让学生学会思考,变被动接受为主动探究,真正地学会学习,敢于把自己大脑中的闪光点表达出来,享受到语文学习带来的快乐。

许多教师在课堂上鼓励学生善于发现,敢于质疑,大胆表达自己的观点。如教师在执教《荷叶圆圆》一课中,在总结全文时问学生:"如果你会变,希望自己变成什么,把荷叶当成什么一起玩耍?"通过这个问题,学生可以练习说话"我是_____荷叶是我的_____"听到教师的提问,有的说:"我是小蚂蚁,荷叶是我的运动场。"有的说:"我是小蝴蝶,荷叶是我的舞台。"有的说:"我是小牧童,荷叶是我的凉帽。"还有的说:"我就是我,荷叶是我手工制作的材料,我可以让它变成各种各样的东西。"……

一年级学生用充满稚气的语言呈现出了精彩的发言,让课堂仿佛变成了动物、植物、昆虫生活的乐园。这些充满个性的回答,不就是学生对于教科书、对于语言的理解吗?

教师只有具备语用教学专业能力,在教学中采取正确的策略以及有针对性的方法,才能够提升教学效果,营造良好的课堂氛围,促进师生关系的和谐,实现语文教学的目标。更重要的是,通过语用教学,让学生学会主动学习,培养创新思维能力,提升语言文字运用能力和核心素养,让每一个学生在小学语文的课堂上得到发展。

附录：

语用教学的锤炼之路

在研究小学语文语用教学的十年里，我收获了许多，成长了许多。这十年是我对小学语文语用教学研究的十年，也是作为一名教研员反思成长的十年。我更加深刻地认识到了自己的责任所在，也更加坚定了自己的梦想所指。回望来时的路，无论成功还是失败，温暖还是迷惘，欣喜还是沮丧，成长路途中的一切于我而言都弥足珍贵。整理、反思过去之后，我将整装待发，根据尚存的问题明确发展的方向，勇敢坚定地继续向未来迈进，步履不停。

一、思、忆两次区级优质课

2002年，我参加了天津市南开区生动教育优秀课评比，执教《天塔》一课，获得二等奖。这堂课之所以得奖，主要是我的板书、范读、对文本的理解等体现语文教师基本功的项目给评委留下了深刻的印象。

板书是我的强项，这要归功于求学期间教师的启蒙与教导。记得第一次走进书法教室的时候，我就被满墙张贴的学生的书法作品吸引了。现在想来，这可能也叫情境教学。教师只叫我们静静地看，找一幅自己最喜欢的。在众多的书法作品中，一幅俊秀飘逸的作品映入了我的眼帘。可能是我看得过于专注，教师走到我身边问："喜欢这幅吗？"我点点头："好看！""这是临摹的赵孟頫的《胆巴碑》。"我对赵孟頫的认识就是从那个时刻开始的。当时只是一味觉得好看，比其他的都好。

为了让自己的字也写得这么好看，我开启了书法之旅。平日跟着教师学，教师的要求很简单，只让我"先把欧阳询的《九成宫醴泉铭》临像样了再学其他的字体"。平时不让写，我就寒暑假自己找赵孟頫的字帖临摹。那个时候临摹最多的是《妙严寺记》和《胆巴碑》，虽然写得不好，但总算练到自己喜欢的字体了。在后来的学习中，我慢慢理解了教师的用意。欧体字工整刚劲，法度森严，结体上下匀称，平直中又有精细变化，是学好其他字体的基础。就像识字教学，先把笔画写好，基础打牢，才能寻求结构布局的变化。字写得像点样子，我又开始阅读孙过庭的《书谱》，边临边思。"五乖五合""中和之美"对我后来的书写影响很大。

参加工作后，书法成了我的一项兴趣特长。哪里有书法展览我就去看，有段时间，书法家们定期会在学校搞活动，经常现场书写作品，我边看边学，不放过任何一次学习的机会。对书法的热爱，在后来的识字教学中，也使我受益颇多。

2007年，我又参加了天津市南开区"博晨杯"优质课评比，执教《画杨桃》一课，获得了一等奖及最佳教态奖。这个奖项对我来说意义非凡，是我工作以来，在语文教学上拿到的第一个一等奖。这个一等奖应该归功于天津市南开区南开实验学校对我的培养，还归功于我的师父——李卫东。

李老师是2004年调到我们学校的，当时李老师是天津市南开区的名师。他为人谦和，平时不苟言笑，只专注于教学研究。"近水楼台先得月"，学校组织我们几个青年教师拜李老师为师，当时真把我高兴坏了。拜师当天，李老师把他的专著《小学语文感悟式教学》送给了我，书的扉页上写着：勤学善思，创新积累。与吾徒共勉。一本书、一句话，给了我莫大的力量。

时间拉回到2007年的那次比赛。抽到课题只有一天的准备时间，我匆匆赶回学校，开始和师父一起备课，我只记得师父的嘱咐："三年级以段的训练为主，不管怎样设计，这个学段要求一定把握好。""教师说的话是全文的重点，要分层朗读，读中感悟，当堂背诵。把语文教学落到实处。"比赛当天，我凭借着准确的文本解读，清晰的教学思路，扎实的语言训练，富有创意的板书设计和较好的基本功赢得了评委的一致认可。当时坐在台下的评委有南开区教研室的吕建国老师、简雅芬老师和李淑玲老师。后来,正是几位教师的推荐,我才成为了南开区第二届视导员,这让我有更多机会深入学校听课、评课,跟着几位教师学习,不断提升自己的教学水平。他们是我教学生涯中的伯乐。

二、思、忆在南开区视导组的日子

2007年我光荣地成为天津市南开区第二届视导组成员。这一年的视导经历是我教学生涯的里程碑。为了纪念这段年轻又充满光辉的岁月,我写了厚厚的《视导日记》,日记里记录了每天的工作,有忙碌,有劳累,有欢笑,有泪水,更多的是成长的感悟,是情意的感动,是对南开教育浓浓的爱。回顾每一个瞬间,都是难忘的时刻。

(一)随风潜入夜,润物细无声

我负责的是南开区北片的几所学校,主要工作任务是通过听课、评课、集体备课、组织片教研活动等方式提升教师的教学水平。一年来我奔波在视导校间,累并快乐着。角色的转变带来的是工作方式的转变,从一线教师专注教好课,到以兼职教研员的身份指导教师的教学。这是一种挑战,也是一种责任。

记得2007年9月开学第一天,局领导亲自带队将我们六位视导员送往接受校与校领导和教师们见面。为了尽快进入角色,教研员带领我们利用一周的时间,相继走进了十七所接受校,了解情况,熟悉任课教师和学生的情况及任教本学段情况,并进行全面统计,做好视导前的准备工作。

为了让我们更好地进入角色,开学第二周各科教研员就带领我们下校听课,耐心指导我们如何评课,在听课过程中对教师出现的问题如何进行交流。在教研员的帮助下,我们逐渐熟悉了每位教师的教学风格,能结合每次听课情况,对各位任课教师的课堂教学进行科学的分析,同时提出发展性建议。在每周五的视导组例会上,我们都会对一周的听课情况、存在问题、教学建议与简主任做汇报，并及时与各科教研员交流。每月我们都以书面形式写出总结，包括听课情况统计、本月工作大事记、存在共性问题分析及解决方法。我们还制定了《视导工作日程安排表》，将每天的工作内容表格化，以便于更好地监督和完善视导工作。我们的工作犹如随风潜入夜的细雨，滋润着教师们的心房，同时也滋润着我们的心田。

（二）问渠哪得清如许，为有源头活水来

教非"一桶水"，学需有源头。教师要有丰富的学养，这是古已有之的要求。新时代的教师，随着自身角色的转变，已不能满足于成为"一桶水"的拥有者，而更应该成为"源头活水"的挖掘者。视导工作就是帮助教师们成为源头活水的挖掘者。因此，除了每天的下校听课，我结合区教研内容及教师的需求，积极开展片教研活动。每次区教研会后我都会及时领会教研思想，制定片教研内容。我和教师们共同研讨教学中的新问题及解决对策；推选出一部分研究课，供教师们学习交流。针对一年级课堂常规的培养，我参与编写了《校园歌谣·习惯篇》；自己为教师们做示范课《回声》；在区教研活动中做《一分钟》教学设计交流；多次组织两片教师针对教学问题进行研讨；指导多位教师在区教研活动中做教材分析和课例展示，为教师搭建了发展的平台。视导员的角色也使我有更多的机会走出去参加各级各类的活动，开阔了视野，增长了见识。为成为源头活水的挖掘者积蓄了力量。

（三）小荷才露尖尖角，早有蜻蜓立上头

工作中教研员们为我们搭建了教学相长的平台。区教研会上经常看到视导校教师做课的身影；各种市级、区级竞赛中也见到她们的积极参与。在与教师们的交流中我也格外珍惜每一个学习的机会及市、区组织的每一次教学研讨活动；兄弟区县、学校组织的每一次观摩、汇报活动；区级组织的说课活动；专家的讲座、经验介绍我都认真参加，精心记录，及时反思，并注重运用到实际工作当中。

（四）桃花潭水深千尺，不及汪伦送我情

如果说友谊是一棵常青树，那么，浇灌它的必定是出自心田的清泉；如果说友谊是一朵开不败的鲜花，那么，照耀它的必定是从心中升起的太阳。这一年来，我们六位视导员建立了深厚的情谊。在我参加"全国第七届青年教师阅读教学观摩活动"中，我感受到了太多的"情"：简主任同我备课到晚上十点半，直至教育中心的大门上了锁。凌晨两点，还在帮我整理教学预案，叮嘱我注意事项；李淑玲老师拖着受伤的脚为我查阅资料，忙前忙后；田恬老师一直陪伴着我，为我出谋划策，顾不得发烧中的儿子；雅宁一宿未睡，为我赶制课件；冬清、王燕、爱玲帮我印教材、听试讲、带学生，这些情意我怎能忘记？在这备战的二十四小时里，鼓励的话语时刻在耳边回响，温情的暖流时刻在心中激荡。这一年中，我收获的不只是知识、成绩，还有朋友、知己，然而更多的则是这份浓浓的情和爱！

三、双优课的"得"与"失"

2008年我作为天津市南开区南开实验学校的教师，参加了天津市第六届双优课。备战双优课的日子是"痛并快乐着"的。然而期待结果的日子更加煎熬。

"落选了！"期待了五天的结果终于下来了，心不禁"咯噔"一下，觉得空落落的。但失落归失落，我没有忘记视导员的责任，认真地和两位教师交流着听课后的感受。"塞翁失马，焉知非福啊"，不久，我就迎来了全国青年教师阅读教学大赛，取得了市级一等奖，并获得了角逐全国阅读教学大赛录像课的机会。我永远记得，比赛后敬爱的杜蕴珍老师拉着我的手说："课上得好！你为南开区争光了！"

在后来做教研员的日子里，我经常用双优课的得失经历给教师们做"说课培训"。当第七届、第八届、第九届双优课的一等奖在我的指导下相继诞生的时候，那一刻我比自己获奖还要高兴。

四、我与杜蕴珍老师的"几件小事"

特级教师杜蕴珍在《潜心教育》一书中说："爱学生,是教师职业道德的核心。没有爱,便没有教育……园丁不仅要培育鲜艳的花朵,也要培育纤弱的小草,更要精心培育被蛀虫伤害的枯萎的小花。"这段话我始终牢记于心,在杜老师身上我深刻感受到爱的力量,那是润物细无声的力量。我认为,一位教育家即便有再高的学识,取得再大的成就,如果内心缺少对学生的热爱,对教育事业的挚爱,就不能称为真正的教育家。在通往未来教育家的路上"爱学生""爱教育"是我们终身的必修课。

杜老师是一位"用情"的教育家。说到"用情"就不得不提到我和杜蕴珍老师交往中的几件小事。与杜老师的交往缘于2007年,那时我还是一名普通的一线教师,代表南开区参加全国青年教师阅读教学观摩选拔赛。课后杜老师走到我和教研员面前激动地说:"课上得真不错!看到南开区在阅读教学上的进步,我真的很高兴!"杜老师的声音像银铃般清脆悦耳。这是我第一次与杜老师站得这么近,看着她慈祥的面庞,听着她悦耳的声音,对于一个名不见经传的我能得到特级教师的肯定真是受宠若惊。平易近人,没有一点架子,这就是教育家杜老师给我留下的第一印象。

2008年我成为南开区小学语文教研员。刚刚担任教研员工作就赶上了区优质课大赛,我责无旁贷担任评委工作。大赛地点在中营小学,这使我有机会又见到了杜老师。杜老师坐在礼堂的一角,几次请她到评委席就座她都婉言谢绝了。低调,不张扬是她的一贯作风。赛后,杜老师婉转地对我的评课提出了建议,虽然语气婉转但我听出了杜老师的不满意。是啊,自己如果不能站在一定的高度评课怎么能起到引领作用?后几场评课,我细心研读教材,结合《课程标准》进行有针对性的评课,每场下来我都征求杜老师的意见,直到她露出满意的微笑。后来我认真阅读了杜老师的《我的一次评课——第五届全国阅读教学观摩活动》这篇文章,给了我很大的启发,让我认识到学习的重要性。对青年教师负责,对南开教育负责,这是教育家杜老师给我上的生动一课。

2016年杜蕴珍"小学语文'融合互促'识字教学实践研究成果"在南开区全面推广。作为教研员,组织推广工作责无旁贷,这使我有幸又与杜老师有了学习的机会。记得在南开区中营小学向杜老师学习"融合互促"识字教学理念的时候,杜老师拿出自己用铅笔写的"融合互促"识字教学结构框架,以及"识字教学""拼音教学"流程图。娟秀的字体,一笔一画书写着杜老师严谨的专业态度。后来的推广工作非常顺利,我也在这期间学习了杜老师的教学理念,在推广过程中,对"拼音教学"和"识字教学"有了更加深刻的认识。然而最难忘的,还是那一笔一画勾勒出的结构图,它不仅是杜老师的优秀教学成果,更是青年人学习的榜样。

同年,南开区小语学科开展了"展卷开蒙 悦享文化"区域课程资源建设阶段展示活动,我们邀请杜蕴珍老师录制一段视频寄语。本来以为杜老师年纪大了,可能不会接受出镜录制,没想到七十多岁高龄的杜老师欣然接受了。录制当天,杜老师精神矍铄,语音依旧响亮悦耳,全篇录制文稿一字不落地背诵了下来。我从心底由衷地佩服她。

后来在工作中我们又有过几次交往。杜老师特别关注我们的教研活动,关注课改的动态,她常说:"我要和你们的教研保持一致才能指导教师们的教学,我也得不断学习。"多么谦逊的教育家,多么质朴的话语,令我感动,也令我汗颜。杜老师古稀之年还奋战在教学岗位上,还主动和我们探讨教学,和我们一起听课评课,我知道这是杜老师在用另外一种方式帮助我们,保护我们。这就是教育家,对青年教师的爱之深,对南开教育的情之切;这就是教育家,于细微处见真情,润物细无声。

杜老师为人谦逊,总说自己年纪大了跟不上时代。可是在我眼中,杜老师对教育事业的热爱,对自己初心的坚守,是我们每一位教育工作者学习的榜样。她是南开的一面旗,也是我们心中的一面旗。

五、我与上海的四次"见面"

（一）2010年：初登上海讲坛

2010年十月，我跟随南开区骨干教师研修班，踏上了奔赴上海的列车。对于这次行程我期待已久，不仅仅是因为能到华东师大学习，还因为我将登上上海讲坛，这无疑对我是个巨大的考验，也是个难得的机遇。

上课那天，我们一行人早早来到上海市静安小学，在会议室里等待着第一节课下课的铃声。我在整理着思路，构思着一会儿和学生对话的场景。

开始上课了，一切都进行得很顺利。35分钟，与其说我带领学生们进入情境，不如说是学生们带着我共同学习。"这个世界总有一些文字让我们学会了珍惜。"在这节课上我们共同感受着阿曼达父子的深情，共同品味着"不论什么时候，我总会跟你在一起"这句话的意味，共同体会阿曼达在废墟下的心境，共同为程林祥背负儿子回家的事迹潸然泪下，共同构想着意外的结局，也共同体会着"珍惜"的含义。学生们被感动了，听课的教师们被感动了，我也早已泣不成声。

百感交集还来自课后的教研活动，活动中静安小学的教师们畅所欲言，毫不保留。不仅充分肯定了这节课，还提出了自己的想法。"杨老师的课堂语言就像读者文摘里的句子，句句都值得品味，但是有一句话值得商榷。'这个世界能用鲜血和生命兑现爱的诺言的只有我们的父母。'这一句是不是有点绝对了？"另一位教师说："我昨天刚听了薛法根老师讲的《爱如茉莉》一课，薛老师在学生读文前说了这样一句话：关注全文的细节，一个眼神，一个动作都是有生命的，感受文章的语言，一个字，一个词，一个句子都是知冷暖的。这样学生思考的空间就有了指向性。"这时候，另一个教师发出不同的声音："我不同意，我觉得杨老师的意图是先散下去，让学生自己去找，不一定马上学会，但给学生打开了一扇窗，再收回来，不给学生圈框子。我们的课上只有35分钟，不可能上一个小时啊！"又从角落里发出来声音来："应该给学生指向，对于学习好有能力的孩子他会找到,对于不行的孩子他有困难,教学还是要面向全体,给他方法。"……

就这样,教师们在争执着,碰撞着,研讨着。我能感受到教师们对教学的专注,对新事物的敏感,每个教师都在发言,都发表着自己的观点。最后,同行的华东师大的郭景扬教授提出了他的观点:"语文的本身不会变,是使用价值的取向有了变化。语言文字本身没有阶级性,表达是什么就有了阶级性。作为语文教师要掌握语文学科的基本要素,字词句段篇,语修逻文情。让学生挖掘出更深层次的东西,大爱无痕,用最平实的语言记录父母对自己的爱。"虽然是几句简短的发言却道出了语文教学的本质。可以说,这次上海之行最可贵的是我从教师和学生们身上学到的东西。

(二)2014年:从课堂到评价——天津市未来教育家奠基工程学员上海挂职

又是一个金秋时节,我第二次踏上了奔赴上海的列车。这一次随"未来教育家奠基工程"再次来到上海仍然在静安区挂职,不同的是学校换成了静安区第一中心小学。四年前我对静安的印象是"教育的前沿阵地",这一次在静安第一中心小学的挂职锻炼,让我深刻感受到这里是"教学评价的先行者"。

1.教研印象——飞行听课重过程

"飞行听课",四年前在静安小学挂职时就听说过,类似于我们的督导检查。所有教研员在不打招呼的情况下,拿着学校的课表进任何一个班听课。调研后会给学校一份详细的常态调研报告,包括听课优、良、合格不合格的百分比等。教研员也会跟踪教师进行蹲点听课。

绿色评价指标加上飞行听课,使得静安区在没有小升初的考试模式下依然对学业质量不敢放松。值得一提的是,纵观17个指标中只有3条和学业成绩相关,学习成绩并不是学校担心的问题。如果可以改变我们的课程设置和评价方式,让我们的学生也能在操场上尽情玩耍,在自己感兴趣的社团里探究活动,在学校里感受到幸福快乐,那该有多好!

2.教研员印象——半片绿叶的幸福

作为一名教研员,除了关注评价也非常关心当地教研活动是如何开展的。这次有机会参加静安区三年级和四年级的教研活动,感受颇深。"我的工作是为教师的基础发展打下半片绿叶的作用。"这是静安区教研员说过的一句话。同为教研员,这句话深深触动了我。

为了学习同行的经验,整整四个小时,两场教研活动给了我很多启发,同为教研员,我们的工作都是把服务放在首位,为教师的发展奠基。同时要把区域教学研究的亮点进行推广,不仅要宣传个人的教学思想,还要为集体的教育智慧、教学成果搭台铺路。

上海学访经历带给我启发与思考。对比上海的先进教育我们自身还有不足,比如考试制度,学校的考评机制,管理者的教育教学理念,但我们可以向他们学习弥补不足;再比如学校的校本教研,如何做得实,抓得牢,自成体系;又比如青年教师的培养,怎样引领才能让她们在短时间内能够成长起来。作为教研员我又能做些什么?

只有做好自己的本职工作,引领教师提升专业化素养,参与学校的校本课程开发,传播好的经验。帮助学校培养青年教师,帮助他们搭设平台,甘当教师基础发展的"半片绿叶"。再有就是不脱离课堂、脱离教学,挤时间到基层学校调研,与教师们共同研讨,这也是提高教研实效性的策略之一。

(三)2016年:从课堂到课程——南开区特级教师导师团学访活动

2015年南开区教育局成立了"特级教师导师团",目的是发挥特级教师的辐射带动作用,在基地校开展教学活动,提升基地校教师及学校的整体水平。领衔教师是特级教师李卫东。我作为区级特级教师,被聘为导师团的组织者,协助领衔教师开展工作。这样使我有机会近距离地向师父学习。

这次学访我们到了上海徐汇区,走访了两所学校——上海市实验学校附属小学和上海市徐汇区启新小学。期间,分别听取两所学校领导对办学特色和课程实施所做的介绍,参观校园文化,听取两节公开课,并就课程改革和课堂教学的相关问题和作课教师展开研讨。这次学访,让我们在学校教育理念、办学特色、课程思想、课堂教学实践等方面都有很深的感受。

第一方面,教师的课程意识决定课堂教学的水平。我国的基础教育课程改革进行了十多个年头,课堂教学中出现了一些问题,究其原因,教师课程意识的缺乏是课堂教学诸多问题的主要原因。这个问题在全国各地普遍存在。我们导师团成员也是带着解决这个问题的期待前往两所学校听课学习的,想看看在基础教育走在全国前列的上海课堂里,一线教师到底有怎样的课程意识。

我们听到的两节语文课是上海市实验学校附属小学的三年级语文课《一幅名扬中外的画》和上海市徐汇区启新小学的三年级语文课《想别人没想到的》。

两所学校使用的是不同的教材,上海市实验学校附属小学使用的是上海市实验学校自编的教材,上海市徐汇区启新小学使用的是上海市的语文教材。尽管教材不同,但我看到的两节三年级的语文课却一致地体现出了学科教学中的课程意识。

首先是在两节课的教学内容的确定上体现出的课程意识极为明显,两节课都以段为重点和抓手,向下涉及字词句,向上感受篇章结构。《一幅名扬中外的画》一课,教师在段的教学上采取课件演示、读中感受、问题思考、记忆性训练等方式层层落实;《想别人没想到的》一课,教师采用出示片段、提问理解、说话训练等方式落实,都是围绕段落组织教学。在此基础上,安排的字词句训练一丝不苟,扎扎实实。

段落之上的篇章教学则是在程度上做了准确的把握——仅停留在感受的基础上,这一点极为难得。如《想别人没想到的》一课中,教师的篇章教学采用板书提示和学生复述的方式,用视觉印入和口头的方式感受篇章结构,符合三年级学生的特点和课程标准的年段要求。这两节课在教学内容安排上看似平常的一致,背后则是教师教学设计上对课程体系的准确把握作为依托的。从课程角度看这两节课,就不是普普通通,而是令人钦佩的。

其次是教师在教学设计之初,都做了课程层面的研究。启新小学的《学期课程统整指南》为教师的教学设计提供了重要参考,教师能够站在课程高度俯视这一节课的教学内容,做到高屋建瓴。作课教师在课程资源上也不仅仅局限于一本教材,而是把不同教材内容融会贯通,为我所用,这是只有在把握课程体系的基础上才可能做到的。从这位老师的课上表现,我们看到的是教师强烈的课程意识和成熟的课程实施的能力。

第二方面,普通课堂里的上海气息。听课,是我们最喜欢的走访活动内容,想看看上海的课到底是什么样的,会跟我们有什么不同,会给我们怎样的启示。走进上海实验学校附属小学和徐汇区启新小学,虽正值初冬,还是嗅到了春的气息。放眼望去,普通的课堂没有花哨的设计、新颖的课件和诗一样的教学语言,细细品味,却在普通之中让我们感受到独特的上海气息。

全国小学的课堂上课时间是40分钟,而上海市的课堂是35分钟。全国的小学语文课本都是每册三十篇课文,上海不一样,是四十篇课文。全国的语文课都在崇尚简约,上海不一样,面对更多的教材内容,更少的教学时间,他们课堂教学是基础一个个夯实、环节一个个落实、节奏一个个跟上、内容进一步统整。

我听的两节课分别是三年级的《一幅名扬中外的画》和《想别人没有想到的》,沪教版的一册教材容量很大,包括40篇左右的课文,如何保进度、高质量,教师是下了一番工夫的。无论是设疑导思、创设情境,还是品味语言、激活想象都是简简单单。

上海的课堂教学呈现给我们的面貌是:内容多而有序,方法简而实用,过程快而扎实!作为特级教师导师团的成员,我们经常面临下校听课的任务。所听之课有很多亮色,但学访活动中听到的两节课让我领悟:我们的课在教学设计的问题出在课程意识的滞后和教学观念的盲从,只有在这些方面进行调整,我们才能让学生掌握简便的学习方法,走简捷的学习之路,从而引导学生由学会到会学。

（四）2018年：做课程实践的开拓者——天津市学科领航学访活动

2018年我跟随天津市中小学"学科领航教师培养工程"团队赴上海参观学访，这是我的第四次上海之行。短短几天，走进了上海交通大学附属实验小学、静安区和田路小学、宝山区实验小学，实地感受了上海教育特有的研究氛围和非凡的创造力。

上海交大实验附小注重拓宽素质教育主渠道，充分利用校本资源和地域优势开发学生的艺术能力，引资兴建体操馆，将"形体与舞蹈"课程作为学校体艺特色教育的切入口。

静安区和田路小学根据学生不同的情况设计各类特色课程，设立由各种兴趣活动室和实验室组成的创造学院，设置"艺术创新""科技创新""数字创新"三大活动板块共十一个活动区域，让学生在实践中激发创新潜能。

宝山实验小学把"科学的现代人格教育理念"贯穿于学校各项工作之中，其紧凑的课堂安排和丰富的课堂内容让教师们将传统课堂与现代课堂融为一体。

此次考察行程安排得既紧张又合理，半封闭式的任务完成式培训让我们既倍感压力，又收获满满。我深深感受到：与两年前相比，学校办学特色更加鲜明，课程建设精彩，彰显个性。我看到的学生体育活动是如此活泼而且极富专业性，取得的成绩也是显而易见的。音乐课堂不单纯是音乐课，而是与课程建设融为一体的创新课堂。"创造学院"就是学生梦想开始的地方。处处彰显着两个字"创新"。这也让我思考：我们的区域课程资源建设该怎样从广度和深度发展，该怎样创新发展？

四次上海之行，由初遇静安的惊艳，到再遇静安的深邃；由初登上海讲坛的惴惴不安，到深入课堂的孜孜以求。从课堂到评价到课程，再到课程建设与实施，上海之行指导我在教育教学实践中奋力前行。四次上海之行，三次到了静安区。是巧合也是缘分。每一次的相遇都让我有新的发现。我常想：如果再有机会到上海上课，一定还可以更好；如果还能深入课堂，跟随班主任挂职锻炼，我会更加珍惜，学到更多宝贵经验。

回望语用教学锤炼之路，以十年为一个突破。第一个十年是自我发展之路，从一名新教师发展为校级骨干教师，对语文教学是什么还属于"雾里看花"；第二个十年是语文教学奋发之路，完成了从一线教师向教研员的角色转换，开启了语用教学的研究之路；第三个十年是语用教学探究之路，在未来教育家奠基工程、市级领航工程的学习中经历了从课堂—评价—课程的不断认识与实践，语用教学研究日趋成熟。我会将近三十年从教的经历、经验、学习成果转化为助力南开区新优质教育的不竭动力，引领区域教育教学再上新的台阶。

语用教学的实践成果

从2011年《义务教育语文课程标准》颁布到现今已经过去了整整十年。从2011年探索语用教学的课堂练习形式，到2014年探索语用教学的课堂教学模式，再到2018年至今语用教学的理论与实践体系的基本确立。回望十年语用教学探究之路，有迷茫与困惑，也有过成功与期待，更多的是不懈坚持与努力探索。

一、语文教师的教育观念发生了明显变化

语用教学研究转变了教师对"学习语言文字运用"的片面认识，进一步明确了语用教学的内涵。具体表现在三个方面：

一是教师明确了语用学中的"语用"和语用教学中的"语用"是不同的。前者是静态语言的研究，后者是动态语言的实际运用。"语用教学"是教会学生如何在具体的语言环境中理解和运用语言。

二是通过理论学习及课例研究,教师们逐步明确了"学习语言文字运用"不仅仅是学习表达,不是简单的"读写结合",更不能跳过学习过程直接将知识转化为技能。语用教学正是秉承"感受·领悟·创境·实践"的教学理念,通过理解内容——领悟表达—创设情境—创新实践的教学过程,在不断地语言"历练"中,变静态语言为动态言语,从而使学生获得属于自己的语用能力。

三是统编教科书全面使用以来,通过开展"单元读写一体化"研究,使教师明确了教科书的编写理念。通过语用教学研究,教师的文本解读能力得到显著提升,为正确解读统编教科书单元教学重难点,制定准确的教学目标奠定了基础。教学中不仅关注了语文要素间的关联,还关注了学生语用能力的发展。

二、提高了学生的"语言文字运用能力"

教学必须注重培养学生的"语言文字运用能力",正确认识语言训练,遵循教学原则,在阅读教学中设计最优化最合理的语言训练,提高语文综合素养,是使学生牢固掌握知识进而转化为能力的一种重要手段。在语用教学过程中,教师找准课文语言的发散点,立足文本,让学生进行超越文本的语言训练,帮助学生构建新的语言学习生长点。我们欣喜地看到,在语用教学的课堂上,学生在有效的听说读写训练中,学得更加主动、快乐,养成了良好的学习习惯,学生的语言能力在原有的基础上有了明显的提高,语言品质逐步得到提升。

不仅如此,学生的练笔质量也得到提高。通过调查五年级的学生得知:58%的学生一学期只看2—3册课外书,没有动笔积累的习惯;80%学生拿到作文题目后不知道该写什么,或是自己编,5%的学生抄一篇应付了事;80%学生表示不太喜欢作文。经过两年的研究实施,在学生六年级时,再进行座谈交流,发现大部分学生掌握了一些课文的写作方法,例如对人物神态、动作、语言、心理活动、环境描写等;积累了一些优美词句,成语、四字词语,修辞手法的使用也比较恰当;对文本段落的结构方式也能清楚地进行分析。以文本为依托,再进行"小练笔"的练习时,95%的学生能够有话可写,可以有一定速度地写出一段话。

三、提升了与人交往,表达情感方面的能力

学生阅读水平的提高促进了学生其他语文能力的发展提高,比如学习态度、口语表达、与人交往、写作水平等。

通过语用教学,学生与人交往的热情及表达的欲望有所提升。首先,在口语交际课上较为明显。如五年级上册第一单元口语交际的主题是《制定班级公约》,这是继四年级下册《朋友相处的秘诀》培养学生"根据讨论的目的,记录重要信息;有条理地梳理小组意见"的口语交际素养之后,进一步培养学生"发言时要控制时间;讨论后做小结,既总结大家的共同意见,也说明不同意见"的语言能力。课堂上学生畅所欲言,将自己提出的建议分条表述,并能结合其他人的发言进行建议的整合。课堂上教师的回应和点拨,不仅引导学生顺利进入了交际情境,体会到班级公约的必要性,而极大地激发了学生的学习动机,领会了表达、沟通、归类的技巧,最终形成班级共同的准则。

其次,表现在学生的语言中带有明显的感情色彩。如《白鹅》一课的教学,教师在课上引导学生体会"反语"的作用,并适时布置练习:尝试用反语的形式说说自己喜欢的小动物。学生说出"我养的蜗牛经常离家出走,我必须展开地毯式搜索才能找到它,它真是个淘气包!""我家的仓鼠不但鬼头鬼脑,还会像老爷一样躺在转轮里睡大觉,你若喂他好吃的,他就会立刻爬起来逮住东西大吃特吃。"我们从学生的表达中充分感受到他们对小动物的喜爱之情。语用教学提高了学生的语文能力和素质,为新课程下的语文学习增添了活力,增加了魅力。

四、教师"教"的行为与学生"学"的方式得到改变

语用教学始终秉承"教"要为学生的"学"服务的理念和意识。"以学定教,顺势而导"。课堂上所有的教学活动都是以促进学生的发展为目的。改变了以

往不顾学情,一心想着"走教案、走流程"的教学行为。教师不再是知识的传授者、讲解者,而是问题情景的创设者,学法的指导者,讨论的组织者。教师在课上更注重关注、回应、丰富学生的需求和思维的发展。

五、区域教学水平得到显著提升

语用教学的研究促进了区域教学高质量发展。通过推广有效的语用教学模式,让学生的语文学习落实在课堂,使区域教育均衡中面临的教学水平的差异问题得到了有效缓解。在研究过程中,通过特级教师导师团、集体调研、专题教研、领航展示等工作的开展,语用教学理念得到有效推广,不仅提升了薄弱学校的教学水平,同时提升了区域教师的专业技能及教学组织能力,打造了一支锐意进取的教师队伍。教师们在语用教学理念的指导下,转变了观念,不断创新,取得了丰硕的成果。

近年来,我指导的六位教师相继获得市双优课一等奖;五位教师分获天津市小学语文教师素养大赛一等奖。两位教师分获全国青年教师阅读教学大赛二等奖。多位教师在市级教研活动中做研究课及说课展示。在"天津市一师一优课,一课一名师"第一批次活动中,十四节语文课皆获国家级优课的好成绩。在天津市首届中小学精品微课评选中,申报的十五节课皆成功入选。携手骨干教师共同完成中国教师网九个资源的录制。2018年、2019年带领教师团队分别完成统编教材四个单元的市级教研展示及网络资源录制任务。疫情期间,组织多名教师出色完成市区两级资源的建设与录制。语用教学的研究成果得以显现。

五、反思与启示

一方面,经过十年的语用研究,教师在新课程理念的指导下,对小学语文"语用教学"进行大胆地尝试。从多方面、多角度拓宽了语用教学的内容和渠道,为教师提供了语用教学的实施策略,为实现课堂"轻负高质"起到了重要作用。但是,研究还缺少检测科学性的深入研究,直至理论的科学提炼。相关理论和策略还有待进一步论证和完善。另外,在现阶段的研究和探索中,语用教学主要以小学语文阅读教学为研究和实验对象,其他领域的研究尚不成熟,期望通过进一步的研究,拓宽语用教学的广度和深度。

另一方面,统编教科书全面实施以来,教师实践的热情高涨,教师虽已明确各单元给出的语文要素,但是在实际操作层面还不能进行细化,不能从横向和纵向的角度,建立学生培养的能力体系。例如朗读能力的训练,在低中高三个学段的具体内容是怎样的?再如学生想象的能力在中高年级的变化是怎样的?还有阅读策略的梯度变化,都需要在不同的学段运用不同的教学策略进行培养。另外,在当下小学语文教学之中,对于思维能力和审美能力的培养,还存在贴标签、两张皮的现象,这些都是核心素养培养的问题所在,需要借助教科书的实践进一步研究探索。未来,我会针对这些问题继续深入开展语用教学的实践研究。

从2001到2021是第八次基础教育课程改革20年。这又给我们带来了一个非常的机遇,小学语文教学也到了一个新的非常的时期。回望二十年课改,尽管改变了很多,但是语文学科的基本特点、基本理念没有变;总体目标与阶段目标的基本内容没有变;教学建议的总体内容也没有变。改变最明显的是突出语文课程学习祖国语言文字运用的核心目标。语文教育无论如何改革,语文教材无论怎样改换,语用思想和语用实践始终是不能缺位的。"运用"使语文课程中的阅读不同于其他学科的阅读,"运用"才能使学生逐渐正确、熟练、恰当甚至有创意地使用语言。所以说,语文教学不是重在语法教学,语形教学,语义教学,而是重在语用教学。

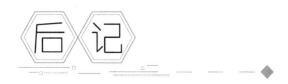

　　在各级领导和专家的关怀和大力支持下,《小学语文语用教学的实践研究》一书即将付梓。作为小学语文语用教学的实践者和研究者,我万分感慨。这本书是我们十年来的语文语用教学研究成果的总结与见证。薄薄书页的背后,是多方合作发力,用辛勤的汗水浇灌出的枝干和结出的累累硕果。

　　纵观历史,语文教育在我国虽然有一个相当长的发展历程,但是关于语文教育的本质问题却在很长时间里没有肯定的说法。许多语文教师一直陷在"语文教育是什么？应该教什么？怎么教?"的困惑中,对中国语文教育的定位不明确。及至2011年颁布的《义务教育语文课程标准》,其中明确提出,语文教育致力于培养学生的语言文字运用能力,提升学生的语文素养,即开展语文语用教学。

　　语言是人类独特的交流工具和方式,是人类文化不可或缺的一部分。"语用"即为语言文字运用的简称。在日常生活中,语言的使用包括听、说、读、写,以及各种形式的文学活动,存在于人类生活的各个方面。落实语用教学,也就意味着把落脚点放在语言文字运用上面,引导学生抓住相关词句进行听、说、读、写、思,在扎实的语言文字训练中提高学生的语文能力,在听说读写的语用训练中提升学生的语文素养。

　　语用教学立足于语文课程的特征,确立了语文教育的目标。小学阶段的语用教学目标是使学生能够初步掌握学习语文的基本方法，养成好的学习习惯，具有适应实际生活需要的识字写字能力、阅读能力、写作能力、口语交际能力，能够正确地运用祖国语言文字，吸收各种各样的优秀文化，提高思想文化修养，促进精神成长。

以语用为目标导向的教学呼唤一种全新的教学模式和一批优秀的教师。基于实践经验，本书认为语言学习是一个文本内容和形式相统一的过程，这个过程由五个相互关联的阶段构成，依次为理解语言内容，发现语言现象，领悟表达特点，创设语用情境和模仿迁移创造。

研究小学语用教学并将研究成果汇集成书的目的有三：一是正本清源，厘清和正确审视"语用教学"概念，防止课堂教学走向另一个极端；二是提供策略，从课堂教学着眼，建构有效的课堂语用形式，为教师提供策略指导；三是促进轻负高质，通过推广更有效的语文教学模式，让学生的语文学习落实在课堂，进而缓解区域教育均衡中面临的教学水平的差异问题。

在开展语用教学研究的十载光阴里，攻克的一个又一个难题化作荣誉照亮了研究团队的过去和未来。归期岂烂漫，别意终感激。感谢各位领导、专家的指导，在小学语文语用教学的探索过程中，你们为我们指明了方向，为我们提供了坚强的领导，给予了我们长期的鼓励和支持。还要感谢我各位可爱的同事，若无你们的辛勤付出，小学语文语用教学研究绝不会有今日之果实，在此衷心感谢大家的支持。

行至此处，本书将画上句号。这是一个终点，昭示着在此之前的种种探索告一段落；这也是一个起点，当本书落下帷幕时，新的探索征程也将悄然开启。小学语文语用教学的改进和完善永远行走在路上。

路途虽远，行则必达。未来可期，前景可待。

杨慧莉

2021年8月